Hajo Pier I Barbara Sillmann

Erfolg in der Prüfung - das kostet ein Lächeln!

W0060527

Dieses Buch gehört:

_____

Printed in Germany

Hajo Pier I Barbara Sillmann

Erfolg in der Prüfung - das kostet ein Lächeln!

Praxiserprobte Prüfungstipps
für Hirn, Herz und Hand

Mit sechs Trainings-Apps

Freiburger
Verlag

Das Autorenteam

Hajo Pier **Barbara Sillmann**

Übrigens, es ist kein mangelnder Respekt, dass Du hier so locker geduzt wirst. Das „Du" erzeugt eine wesentlich größere emotionale Nähe zum Inhalt als das förmliche „Sie". Und dass Emotionen für das Lernen und die Verknüpfungen im Gehirn äußerst wichtig sind, wirst Du an vielen Stellen in diesem Buch erfahren.

Wir wünschen Dir viel Erfolg für Deine Prüfung. Du wirst sehen: Das kostet Dich ein Lächeln!

In diesem Buch bin ich für Dein Gehirn zuständig. Das Thema Gedächtnis- und Gehirntraining ist mir seit frühester Jugend ein Herzensanliegen. 1997 habe ich eine CD-ROM zum Thema Gedächtnis- und Konzentrationstraining entwickelt, die lange Jahre auf der Bestsellerliste war.

In diesem Buch möchte ich Dir gerne wichtige Informationen zur Beschaffenheit und Arbeitsweise des Supercomputers in Deinem Kopf vermitteln. Als optimales Training kannst Du Dir zudem sechs Apps herunterladen, mit denen es leicht fällt, die „grauen Zellen" in Bestform zu bringen.

Als Trainerin und Dozentin werde ich immer wieder nach Lerntipps gefragt – und als IHK-Prüferin sehe ich, wo es dann Schwächen gibt.

Dieses Buch soll Dir helfen, Deine Lernzeit optimal zu nutzen und den angestrebten Abschluss gut zu erreichen. Damit Du später die Inhalte in der Praxis gekonnt einsetzen und konkrete Fragestellungen damit erfolgreich lösen kannst.

Effektiv lernen zu können ist eine Schlüsselqualifikation, die Dir das ganze Leben lang sehr nützlich sein wird.

Inhalt

Wie kannst Du optimal von diesem Buch profitieren?

Du lernst für einen Schul-, Studien- oder Weiterbildungsabschluss und die Prüfung rückt immer näher? In diesem Buch haben wir für Dich die passenden Methoden und Lerntechniken nach dem aktuellen Stand der Lern- und Gehirnforschung zusammengestellt.

Der Aufbau dieses Buches entspricht dem praktischen Vorgehen. Zuerst werden die Voraussetzungen für Deine Prüfung geklärt, dann wird gezeigt, wie Du Dich optimal organisierst, anschließend bekommst Du jede Menge Tipps zum erfolgreichen Lernen und schließlich konkrete Hinweise für das Verhalten in der Prüfung.

Mit den Apps kannst Du Dein Gedächtnis trainieren und Deine Merkfähigkeit nachhaltig verbessern. Wer mehr über die Hintergründe dazu wissen will, findet einen Einstieg in die Erkenntnisse der Gehirnforschung am Ende dieses Buches.

Dieser Smiley signalisiert: Achtung Tipp!
Wenn Du beim Durchblättern auf etwas stößt, das Du gerne sofort ausprobieren möchtest, dann mach es. Tun ist immer effektiver als lesen.

Unsere Empfehlung ist: Suche Dir die Lerntechniken aus, die Dir gefallen und probiere sie bald aus. Bei manchen Tipps stellt sich sofort ein Aha-Erlebnis ein. Immer wieder hören wir die Frage, warum diese Techniken und Tipps nicht viel bekannter sind – so gut wie sie funktionieren.

Du machst es richtig! Du beschäftigst Dich mit dem Lernen und willst es für Dich noch weiter optimieren. Auch Dein Gehirn ist davon begeistert, der Erfolg wird nicht lange auf sich warten lassen … und zaubert Dir das schönste Lächeln ins Gesicht. Wir freuen uns mit Dir darauf!

Teil 1: Einführung

Lächele!

Wäre es nicht toll, wenn man eine Prüfung einfach nur mit Lächeln bestehen könnte? Lächeln zählt sicher zu den einfachsten Übungen. Es ist leider nicht ausreichend für das erfolgreiche Bestehen einer Prüfung, jedoch schon ein sehr guter Ansatz, um gut und nachhaltig zu lernen.

Verantwortlich hierfür ist eine uralte Programmierung im Kleinhirn. Das steuert die intuitiven Reaktionen und sorgt dafür, dass Du auf negative Erlebnisse mit Angst, Ärger oder Aggressionen reagierst – und dass Du lächelst, wenn Du etwas Schönes erlebst. Der Trick ist jetzt, dass diese Programmierung auch umgekehrt funktioniert. Bestimmst Du willentlich (also mit Deinem Großhirn) zu lächeln, werden unwillkürlich Endorphine (sogenannte Glückshormone) ausgeschüttet und Du kannst die positive Energie im ganzen Körper spüren.

Versuche Dich an eine Prüfung zu erinnern, die Du bestanden hast. Wie hast Du Dich damals gefühlt? War Dir so, als ob Du die ganze Welt umarmen konntest? Wecke und genieße dieses Gefühl noch einmal und schüttele damit blockierenden Stress und Prüfungsängste ab. In diesem entspannten Zustand ist Dein Gehirn bestens vorbereitet, um die Lerninhalte im Gedächtnis abzulegen.

Stress

Plötzlich steht die Prüfung vor der Tür und es ist noch eine ganze Menge Stoff aufzuarbeiten. Also, schnell noch eine Kanne Kaffee aufgebrüht und dann bis weit nach Mitternacht gebüffelt. Nach viel zu kurzem Schlaf, mit rot umränderten Augen und noch feuchten Ohren direkt aus der Dusche in die Prüfung. Der Prüfer verteilt die Aufgaben...
... und plötzlich ist alles weg!

Was ist so problematisch am Stress?

Stress entsteht unter anderem, wenn Du Kummer, Angst oder Sorgen hast. Als Stress-

Ein kleiner Test für den Anfang: Denke an etwas Unangenehmes oder an etwas, was Dich gerade ärgert oder stresst. Jetzt sieh in einen Spiegel und lächele Dich an. Es kann auch ruhig ein breites Grinsen sein. Halte es für den Anfang für eine gute Minute aufrecht. Wie ist jetzt Dein Gefühl? Merke es Dir!

reaktion wird im Körper ein Mechanismus ausgelöst, der für unsere Vorfahren in der Steinzeit überlebenswichtig war. Drohte damals Gefahr, zum Beispiel durch ein urzeitliches Raubtier oder durch den verfeindeten Nachbarstamm, gab es nur zwei lebensrettende Strategien: Fliehen oder kämpfen. Hierfür schüttet der Körper zuerst Adrenalin aus. Dieses Hormon ist für die Aktivität zuständig und bereitet auf körperliche Höchstleistungen vor. Kurz danach wird Cortisol ausgeschüttet, das Herz schlägt schneller und der Blutdruck steigt, um die Muskeln optimal mit Sauerstoff zu versorgen. Magen und Darm werden von der Blutzufuhr weitgehend abgetrennt, sie stellen ihre Verdauungstätigkeit ein. Es kann zu Übelkeit bis hin zum Erbrechen kommen.

Das alles ist für den kurzen Moment nicht schlimm und hat unseren Steinzeitahnen wohl aus der einen oder anderen brenzligen Situation befreit. In unserer modernen Gesellschaft lassen sich Stress-Situationen aber nicht so einfach durch „Zuhauen oder Abhauen" lösen. Dauerhafter Stress sorgt dafür, dass die Alarmsituation des Körpers ebenfalls dauerhaft aufrecht erhalten wird – und macht uns langfristig krank.

Wie kannst Du Stress vermeiden?

Vor allem, indem Du lächelst. Das bewusste und gewollte Lächeln ist eine der besten Möglichkeiten, die Du hast. Erinnere Dich an die erste Übung vor dem Spiegel. Hast Du nicht sofort eine Entspannung gespürt? Du kannst mit dem bewussten Lächeln automatische und intuitive Verhaltensweisen beeinflussen. Du signalisierst Deinem Kleinhirn: „Alles nicht so schlimm!". Die Hormonausschüttungen werden zurück gefahren, der Alarmzustand im Körper zurück genommen. Genau so, als hätte der Neandertaler gemerkt, dass der vermeintlich furchteinflößende Säbelzahntiger nur ein harmloses Murmeltier war und auch ihm aus Erleichterung ein Lächeln gekommen wäre.

Neue Studien und Forschungen aus der Medizin und Psychosomatik haben viele weitere Erkenntnisse zum bewussten Lächeln ergeben. So erhöht das „Hineinlächeln" in einen Schmerz nachweislich an dieser Stelle die Durchblutung, erwärmt die schmerzende Stelle und sorgt für einen beschleunigten Heilungsprozess.

Stress ist der größte Hemmschuh auf dem Weg zu einer optimalen Lernphase und einer erfolgreichen Prüfung.

Uns ist das ‚Lächeln' deshalb so wichtig, dass wir das ganze Buch unter dieses Motto gestellt haben.

Entspannungsmethoden

Ist die Anspannung zu stark und lässt sich nicht mehr einfach weglächeln, dann gibt es verschiedene Entspannungsmethoden, die Dir helfen können. Schließlich kann man nur im entspannten Zustand effizient lernen. Vielleicht beherrscht Du schon eine Methode, ansonsten probiere aus, wie Du Dich am besten entspannen kannst. Bewährt und weit verbreitet sind:

- Autogenes Training
- Meditation
- progressive Muskelentspannung

Vielen Menschen haben gute Erfolge mit der einfach durchzuführenden progressiven Muskelentspannung nach Edmund Jacobson.

Hier eine kurze Anleitung:
Lege oder setze Dich bequem hin. Es sollte warm sein, Du kannst auch gerne eine lang-

GEDANKEN-
REISEN

YOGA

AUTOGENES
TRAINING

RICHTIG
ENTSPANNEN

MUSKEL-
ENTSPANNUNG

QiGONG

UND TAi-CHi

MEDITATION

same Entspannungsmusik mit 60 bis 70 Takten pro Minute auflegen. Dann schließe die Augen.

Nun spannst Du unter Aufbietung aller Kräfte Deine Hände an. So fest, wie es irgend geht. Diese Anspannung hältst Du etwa 10 Sekunden, bis Du es fast nicht mehr aushältst. Dann lässt Du ganz plötzlich mit einem tiefen Seufzer los. Atme einige Male ruhig durch und nimm wahr, wie sich die Spannung auflöst.

Nach der kurzen Entspannungspause führst Du diese Kombination „heftige Anspannung" – „plötzliche totale Entspannung" mit allen anderen Körperregionen durch. Zuerst mit den Armen, dann mit der Schultern, dem Bauch, dem Rücken, den Beinen, dem Gesäß, den Füßen und abschließend mit dem Gesicht, indem Du eine total verzerrte Grimasse machst und dann plötzlich los lässt. Genieße das Gefühl, das sich einstellt und gehe entspannt an Deine Aufgaben.

Bei der progressiven Muskelentspannung geschieht Ähnliches, wie beim gezielten Lächeln. Durch Dein Verhalten überlistest Du wieder den Neandertaler in Dir.

Du zeigst durch Deinen willentlich erzeugten Körperzustand, dass Du Dich freust oder sogar glücklich bist (Lächeln), bzw. dass Du total entspannt bist (Muskelentspannung). Das limbische Gehirn nimmt das als bare Münze, stellt den Hormonhaushalt darauf ein und im Ergebnis bist Du wirklich glücklich und entspannt.

Vorbereitung

Die Prüfung rückt unerbittlich näher und es wird höchste Zeit, mit dem ‚Lernen' zu beginnen.

In diesem Kapitel findest Du praxiserprobte Tipps, die Dir helfen, Dich effizient auf die Prüfung vorzubereiten und diese mit Erfolg zu bestehen.

Was musst Du können?

Kläre als erstes, was Du lernen musst. Infos findest Du in der Prüfungsordnung zu Deiner Prüfung; wenn Du sie nicht schon von Deiner Schule, dem Bildungsträger oder der prüfenden Stelle erhalten hast, findest Du sie in der Regel im Internet.

In einer Prüfungsordnung sind unter anderem geregelt:

- die **Voraussetzungen**, die Du erfüllen musst, um überhaupt zur Prüfung zugelassen zu werden. Achtung: Bei manchen Prüfungsverfahren müssen bestimmte Vor- und/oder Zwischenprüfungen erfolgreich absolviert sein oder Du musst am Prüfungstag bestimmte Unterlagen mit einreichen. Schau Dir die Zulassungsvoraussetzungen deshalb nochmals gründlich an und vergewissere Dich, dass Du die Anforderungen erfüllst.

- die **Prüfungsinhalte**, also alles, was Du bis zum Prüfungstag können solltest!

- die **Prüfungsdurchführung**, das heißt, welche Prüfungsfächer werden wie (z.B. schriftlich, mündlich, praktisch) und wann (Prüfungstag, Prüfungsdauer) geprüft.

- die **Bewertung** der Prüfungsleistungen. An der Stelle findest Du Antworten auf die Fragen: „Wann ist die Prüfung erfolgreich bestanden? Welche Nach-, Ergänzungs-, Wiederholungsprüfungen sind möglich?"

Für die nächste Phase benötigst Du aus der Prüfungsordnung die Prüfungsfächer und die Prüfungsinhalte.

Informiere Dich!
Neben der allgemein verbindlichen Prüfungs-ordnung gibt es oft noch ergänzende Detail-Informationen zum konkreten Prüfungsablauf. Frage Deinen Lehrer bzw. Dozenten oder die prüfende Stelle.

Wie viel Zeit hast Du noch zum Lernen?

Trage in einen Kalender Deinen Prüfungstermin ein und verteile in der verbleibenden Zeit den zu lernenden Stoff.

Es empfiehlt sich, Schwerpunkte zu setzen: In welcher Woche willst Du welche Themengebiete bearbeiten? Halte diese erste Planung in Deinem Kalender fest.

Du wirst vielleicht ein bisschen Zeit dafür benötigen, aber die ist gut investiert. Denn im Ergebnis hast Du jetzt Deinen Masterplan „Lernen bis zum Prüfungstermin" in der Hand.

Hänge den Masterplan direkt über Deinen Schreibtisch - so hast Du Deine Aufgaben und Zeiten immer im Blick.

Die Basis des Erfolgs: Planung!

Denk an einen Bergsteiger: Kannst Du Dir vorstellen, dass ein Bergsteiger morgens beschließt: „Ich besteige heute mal den höchsten Berg Europas, den rund 4.800 Meter hohen Mont Blanc!"? Du lächelst … denn das klingt auch für Nicht-Bergsteiger absurd. Für solch ein Vorhaben sind doch einige Vorbereitungen zu treffen, wie etwa die Planung der Route und das Bereitlegen und Prüfen der notwendigen Ausrüstung. Dazu gilt es, die äußeren Einflüsse wie beispielweise die Wetterlage zu berücksichtigen. Genauso ist es bei Deinem Lernprojekt! Mit „Einfach mal drauflos klettern" wirst Du den Gipfel nicht erreichen. Deshalb: Erstelle Dir als erstes Deinen persönlichen Lernplan.

Der Tag vor der Prüfung
Lass den letzten Tag vor dem Prüfungstermin frei. An dem „Tag davor" ist es geradezu schädlich, noch neue Inhalte zu lernen (Was Du stattdessen tun solltest wird hier noch nicht verraten; *mehr auf Seite 62**).*

Aus der Praxis:

Fragt man erfolgreiche Absolventen von Prüfungen, was sie zukünftig anders machen würden, dann kommt von mehr als 50% der Absolventen die Antwort: „Ich werde früher anfangen mit dem Lernen! Und mir einen Plan machen, was ich bis wann wissen muss. Denn zum Schluss hin wurde es doch ganz schön stressig!"

Wann wirst Du nächste Woche lernen?

Du musst für dich klar entscheiden: Wann wirst Du Dir wirklich Zeit zum Lernen nehmen? Die Antwort hängt sicher auch vom Einfluss Deines persönlichen Umfeldes ab: Familie, Freunde, Hobbys und natürlich auch die Schule, der Job, der beispielsweise wechselnde Schichtzeiten hat, fordern Ihren Tribut. Was tun: Jeden Tag eine kleine Lerneinheit oder am Wochenende ein paar intensive, längere Lernstunden?

Es ist sinnvoller, täglich eine kleine Lerneinheit zu absolvieren als einmal in der Woche eine große Lerneinheit zu wuppen!.

Hinter diesem Vorgehen stecken folgende Erkenntnisse:

- Zum einen benötigt das Gehirn Zeit, um Gelerntes zu verarbeiten. Beim Lernen bilden sich neue Gehirnzellen und neue Verknüpfungen. Damit diese Verbindungen stabil bleiben und Du somit auf das

Gelernte zugreifen kannst, muss das Wissensnetz auch häufiger benutzt werden. Du musst dich also regelmäßig mit dem Lernstoff beschäftigen. Im Kapitel ‚Erfolgreich Lernen' werden die Zusammenhänge dazu ausführlich erläutert.

- Zum anderen sind wir Menschen „Energiesparer". Eine innere Stimme, Dein innerer Schweinehund, wird sich immer dann bei Dir melden, wenn eine Aufgabe in Arbeit, und zwar in viel Arbeit, auszuarten droht. Mit nur kleinen Lernportionen kannst Du Deinen inneren Schweinehund aber meist ganz gut bei Laune halten. Täglich beispielsweise eine halbe Stunde Lernzeit – das ist überschaubar und fix erledigt. Und mit diesem Hinweis wird auch dein Schweinehund zufrieden lächeln!

Vielleicht ist es für dich nicht immer möglich, täglich zu lernen. Dann bemüh Dich

Betrachte die eingeplan-ten Lernzeiten wie einen fixen Termin. Wenn Du einen Termin nicht wahrnehmen kannst, reserviere zeitnah einen verbindlichen Ersatz-termin.

trotzdem darum, Deine Lerneinheiten ganz regelmäßig mehrmals die Woche einzu-planen.

In der größeren Lerneinheit erarbeitest Du Dir die wesentlichen Lerninhalte; in den klei-neren und kürzeren Einheiten konzentrierst Du Dich aufs Wiederholen des vorher Ge-lernten.

Wenn Du wissen willst, wofür Du Deine täglich verfügbare Zeit verwendest, führe für drei bis fünf Tage ein Zeitprotokoll. Notiere in diesen Tagen möglichst zeitnah und mit Echtzeit, was Du wann gemacht hast. Blei-be dabei ehrlich. Die Info „6:10h-6:20h: mit Lukas gesimst" gehört genauso in Dein Pro-tokoll wie „um 22:35h-23:10h: vor dem Fernseher eingeschlafen". Über die Auswer-

Zeitverwendung je Tag

Fragt man Vollzeitbeschäftige, wie sie die 24 verfügbaren Stunden je Tag verbringen, dann ergeben sich folgende Durchschnittszeiten:

10 Stunden: Verwendung für Arbeitszeit incl. Pausen und Fahrzeiten zum Arbeitsplatz

8 Stunden: Verwendung fürs Schlafen

2 Stunden: Verwendung fürs „persönliche Funktionieren": Körperhygiene, Kochen und Essen

4 Stunden: „frei verfügbare Zeit", beispielsweise für Familie, Freunde, Hobbys, Putzen, Waschen, Bügeln, Einkaufen, Fernsehen schauen, ins Kino gehen ... und für gezieltes LERNEN! Selbst wenn Du eine Stunde mehr oder weniger je Rubrik benötigst, eins wird Dir sicher klar: Deine verfügbare Zeit zum Lernen ist begrenzt – und sie steht in Konkur-renz zu vielen anderen gewohnten und lieb gewordenen Aktivitäten von Dir.

tung hast Du einen guten Überblick über Deine aktuelle Zeitverwendung und erkennst mögliche Zeitfenster fürs zukünftige, regelmäßige Lernen.

Wenn Dein Wochenkalender auch schon ohne Deine Lernzeiten überfüllt ist, dann setze Prioritäten neu:

- Was ist mir wichtig?
- Was ist mir wichtiger?

Wahrscheinlich musst Du Terminverpflichtungen und Aktivitäten reduzieren; oder Jobs an andere Personen zur Erledigung abgeben. Tu es!

Wenn ich etwas erreichen will, dann hilft es anzufangen! (Winston Churchill)

FITNESS

ERNÄHRUNG

GESUNDHEIT

ENTSPANNUNG

BERUF

WORK-LIFE-BALANCE

WOHLSTAND

KARRIERE

FAMILIE & FREUNDE

ERFOLG

GELD

Morgens oder abends lernen?

Am Besten wäre es, wenn Du parallel zu Deiner persönlichen Leistungskurve lernen würdest. Diese Kurve besagt nichts anderes, als dass Du – wie jeder andere Mensch auch - im Tagesablauf wiederkehrenden Schwankungen („Biorhythmus") aus Aktivität/Anspannung und Entspannung/Ruhe unterworfen bist.

Nach der sogenannten REFA-Normkurve liegt ein Leistungshoch für die meisten Menschen am Vormittag, gefolgt von dem Mittagstief und einem erneuten Zwischenhoch am frühen Abend. Danach fällt die Leistungskurve kontinuierlich ab.

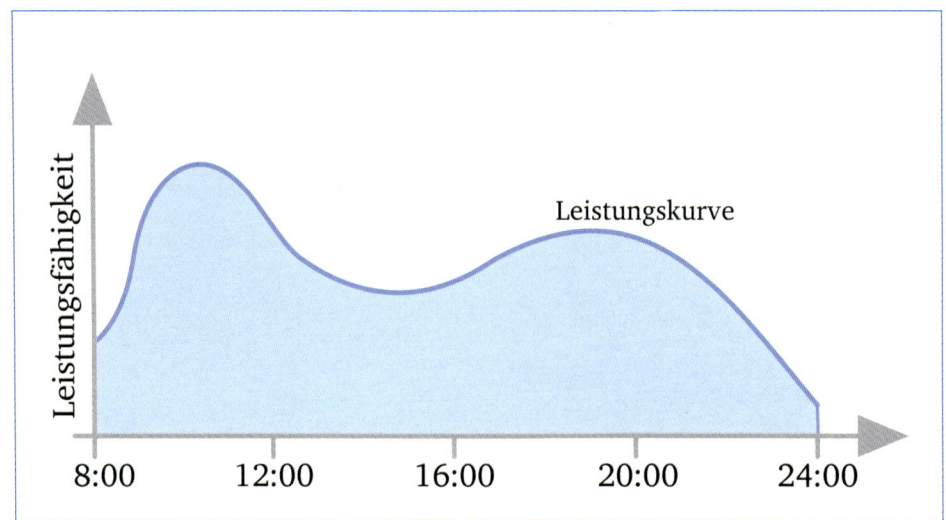

ZEIT MANAGEMENT

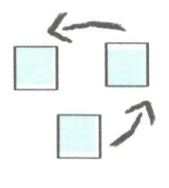

PLANUNG

PRIORITÄTEN SETZEN

ERFOLGREICH ORGANISIEREN

ERFOLG ÜBERPRÜFEN

AUFGABEN DELEGIEREN

TO-DO LISTE

Gehirngerechte Zeiteinteilung: Die Lernuhr

Das Gehirn kann nicht einfach mit einem Trichter wie ein Tank befüllt werden, sondern es muss für eine langfristige Speicherung die Informationen ordnen und ablegen. Auch wenn diese Verarbeitung überwiegend nachts im Schlaf erfolgt, kannst Du den Prozess deutlich optimieren und Dir damit das Lernen erheblich erleichtern. Die wichtigsten Stellgrößen sind die Menge an Informationen und die zeitliche Einteilung von Lernphasen (Quantität) sowie die Art der Aufbereitung (Qualität).

Pausen

Nach einiger Zeit des Lernens wirst Du merken, dass Du müde wirst und dass Deine Konzentration nachlässt. Was tun? Weitermachen ohne Pause – schließlich willst Du das Lernthema fertig kriegen? Oder Pause machen und feststellen: „Uih, die ist aber lang geworden!" oder: „So richtig erholt fühle ich mich nicht!?" Rechtzeitig Erholungspausen einzulegen ist keine Zeitverschwendung. Ganz im Gegenteil: In der Pause lädst Du quasi Deine Akkus wieder auf, um danach umso energievoller weiter lernen zu können.

Im Folgenden erhältst Du ein erprobtes Verfahren und viele konkrete Tipps, wie Du gehirngerechte Lerneinheiten aufbaust, um die optimale Menge an Informationen dauerhaft in Deinem Gedächtnis abzulegen. Die Aufnahme der richtigen Menge lässt sich gut anhand eines Schwamms verdeutlichen. Du lernst eine bestimmte Zeit – und Dein Gehirn nimmt die Inhalte auf wie ein trockener Schwamm das Wasser. Nach einiger Zeit ist der Schwamm triefend nass – und wenn Du dann weiterlernst, ist das, als ob da einer mit einer Gießkanne steht und gießt und gießt und gießt … aber der vollgesogene Schwamm kann nichts mehr aufnehmen.

Die Lernuhr

Wie kannst Du eine Lerneinheit gut einteilen?

Beginne mit einem ca. 5-10minütigen Warming-up für dein Gehirn und starte erst

danach mit dem eigentlichen Lernstoff.

Nutze die **erste Lernphase**, um Dich in das Thema einzuarbeiten: lese, verstehe, notiere Dir das Wichtigste. Diese Lernphase solltest Du nach ca. 30 bis 40 Minuten abschließen – und eine erste, bewusste Pause von ca. 5 bis 10 Minuten einlegen.

Dann startest Du Deine **zweite Lernphase**. Jetzt wäre es sinnvoll, den zuvor erarbeiteten Lernstoff anzuwenden. Beispielsweise indem Du Übungsaufgaben löst. Oder indem Du überlegst, wie sich das Gelernte in Deiner Lebenswelt auswirkt. Oder Du entwickelst eigene Beispiele zum Lernstoff. In dieser Phase ist es wichtig, dass Du das Gelernte jetzt in einem neuen Zusammenhang anwendest. Beende dies nach ca. 40 Minuten und lege wieder eine Kurzpause ein.

In der **dritten Lernphase** vergleichst Du Deine Antworten mit den Musterlösungen.

Oder Du suchst im Internet nach entsprechenden Anwendungen. Deine gelernten Erkenntnisse verarbeitest Du in einer Zusammenfassung und/oder in Lernkarten, die Du nun für Dich entwickelst. Nach ca. 40 Minuten legst Du nochmal eine kurze Pause ein.

In der **vierten und erst einmal auch letzten** Lernphase löst Du weitere Aufgaben. Wichtig ist es, dass Du Dir zum Ende der letzten Lernphase eine komplette Zusammenfassung erstellst; und zwar von dem, was Du bis jetzt gelernt hast. Diese Zusammenfassung arbeitest Du bei Deiner nächsten Lerneinheit zu Beginn noch einmal durch, um Dich auf das Thema einzustimmen und die Verknüpfungen im Gehirn zu festigen.

Wenn Du die Zeiten nach der Lernuhr einhältst, hast Du jetzt ca. zwei bis drei Stunden konzentriert gelernt. Nun ist eine größere und längere Pause von mindestens einer Stunde sinnvoll. Schalte möglichst kom-

Wer arbeitet – braucht Pausen!

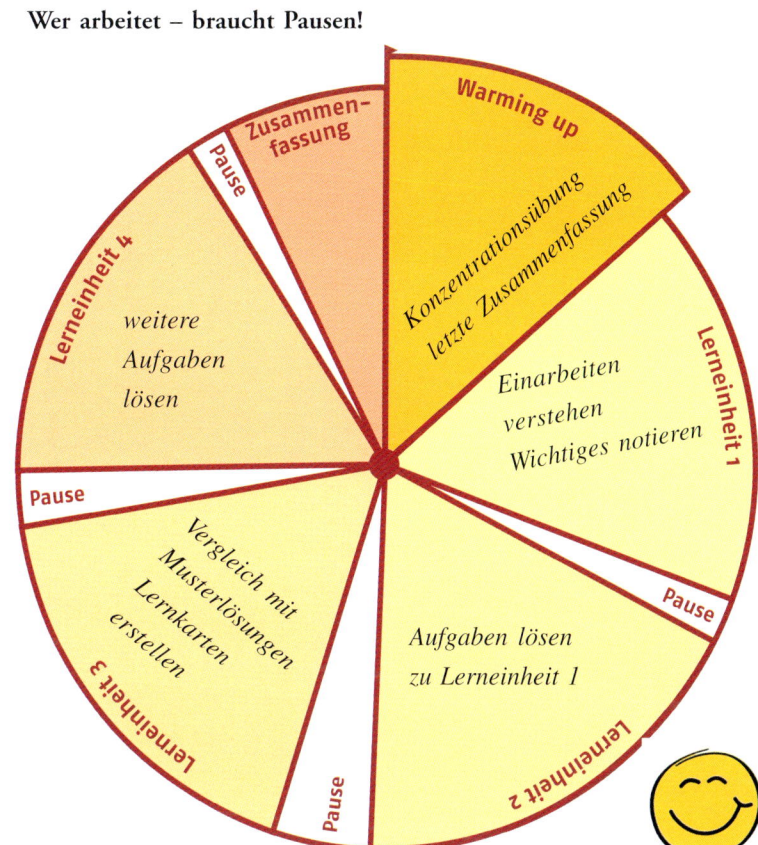

Hintergrundinfos zur Lernuhr: Strukturiertes Lernen mit Pausen

Die Idee der Lernuhr basiert auf folgenden lernpsychologischen Erkenntnissen:

1. Zu Beginn einer Lerneinheit muss sich Dein Gehirn erst einmal auf das gezielte Lernen einstellen – deshalb ist das Warming-up mit einer einfachen Wiederholung oder einer Konzentrationsübung notwendig.

2. Danach fällt es Dir leicht, neuen Stoff aufzunehmen und diesen an die bereits bestehenden Verknüpfungen im Gehirn anzudocken. Erarbeite diese Informationen durch lesen und aufschreiben.

3. Damit Du nicht vorzeitig ermüdest und die Lust zum Weiterlernen verlierst – dafür benötigst Du Kurzpausen von 5 bis 10 Minuten. Nach dieser Zeit sind die vorher gelernten Informationen im Kurzzeitgedächtnis noch aktiv und Du kannst gut weiter lernen, ohne Dich erneut in das Thema rein zu arbeiten. Dass die Pausenzeit nicht zu lang war, merkst Du daran, dass Du Dich gut an das eben Gelernte erinnern kannst.

4. In der nächsten Lernphase sollen sich die theoretisch gelernten Inhalte zum Beispiel mit einer Übungsaufgabe festigen können. Dazu nutzt Du das zuvor Gelernte und überträgst es auf eine neue Situation. Die Lernforscher sprechen von einem „Wissens-Netz", das sich durch wiederholen und anwenden im Gehirn aufbaut.

5. Beende eine komplette Lerneinheit immer (!) mit einer selbst erstellten Zusammenfassung. Das hilft Deinem Gehirn sehr, das Gelernte strukturiert abzulegen und bei Bedarf schnell wieder aufzufinden. Zudem kannst Du diese Zusammenfassungen zukünftig regelmäßig durcharbeiten, um das Thema zu wiederholen. Denn einmal gelernt – ist noch nicht behalten; es gilt, regelmäßig zu wiederholen, bis der Stoff sicher sitzt.

plett ab: Bewegung, Sport, Schlafen, Essen und Trinken, Musik hören; mach was Dir Spaß macht, um den Kopf zu entlasten.

Warming-up fürs Gehirn

So wie ein Sportler nicht sofort aus einem Kaltstart heraus Höchstleistungen vollbringen kann, so benötigt auch Dein Gehirn eine Anlaufzeit. In dieser Aufwärmzeit bist du noch nicht sehr lern-produktiv. Deshalb suche dir einen einfachen Lernstoff, z.B. eine kurze Wiederholung einer bereits gelernten Einheit oder eine kleine, Spaß machende Konzentrationsübung, so dass sich Dein Gehirn aufs Lernen gut einstimmen kann.

Pausengestaltung

Nach der vielen „Kopfarbeit" des Lernens solltest Du in der Pause nicht wieder „Kopfarbeit" leisten. Also nicht chatten oder mit dem Smartphone spielen. Viel besser wäre: Bewege Dich, lege eine kleine Tanzeinheit zu fetziger Musik ein oder laufe die Treppen hoch und runter. Mit körperlichen Aktivitäten bekommst Du den Kopf wieder frei – und dadurch die Power, nach der Pause konzentriert weiter zu arbeiten!

Lange Lerneinheit – lange Pause

Nach einer größeren Lerneinheit solltest Du unbedingt auch eine größere und längere Pause einlegen. Das Gelernte muss sich setzen können … Wenn Du zu früh weiterlernst, besteht die Gefahr des „Überlernens": Du nimmst kaum noch etwas Neues auf und der bereits beherrschte Lernstoff wird verdrängt.

Gut eingerichtet geht es besser

Der motivierende Lernplatz

Ein gut eingerichteter Arbeitsplatz, an den man sich zum ungestörten Lernen zurückziehen kann, spielt eine wichtige Rolle. Schließlich wirst Du hier einige Stunden in der nächsten Zeit verbringen. Und wenn alles geordnet, griffbereit und funktionsfähig ist – dann macht es einfach mehr Spaß und Du kannst Dich voll und ganz auf das Lernen konzentrieren.

Was benötigst Du?

Die Basisausstattung könnte bestehen aus:

Externe Störquellen ausschalten
- Nutze ein ruhiges und störungsfreies Umfeld: Fenster und Türe zu; Radio, Fernseher, Smartphone aus.
- Lerne in einer angenehmen Raumtemperatur bei 20 bis 22 Grad Celsius .
- Achte auf ausreichendes und blendfreies Licht.

- gut in der Hand liegenden Schreibstiften, farbigen Textmarkern, Notizpapier
- Lineal, Taschenrechner, Locher, Hefter, Ordner
- Mitschriften aus dem Unterricht, Skripte, Lernunterlagen, Fachbücher
- Kalender, Lernplan bis zur Prüfung, Uhr
- PC mit Internetzugang bzw. Smartphone, Drucker
- Flasche mit Trinkwasser
- … und für einige ist ein „Lernmaskottchen" eine moralische Unterstützung. Etwa ein knuddeliges Stofftier, das immer mit Dir lernt und Dich auch in der Prüfung unterstützt!

Wenn Du regelmäßig lernst, macht es Sinn, dass Du Dir einen festen Lernplatz zu Hause einrichtest. Stell Dir folgende Situation einmal ganz bildhaft vor: Du möchtest lernen und musst jetzt zuerst den Küchentisch abräumen, Dir eine funktionierende Tischlampe aus dem Wohnzimmer besorgen und diese in der Küche anschließen. Dann suchst Du noch ein Kissen für den Küchenstuhl, damit du aufrecht am Tisch sitzen kannst. Jetzt holst Du Deine Bücher und Lernmaterialien wie Block, Ordner und Stifte dazu … Und schon sind die ersten zehn Minuten Deiner geplanten Lernzeit unproduktiv verstrichen.

Bringe Dich in Lernstimmung

Fit und munter lernen

Um gut lernen zu können, solltest Du körperlich und mental fit sein, also ausgeschlafen und ohne knurrenden Magen vor Deinen Lernunterlagen sitzen. Auch ein Getränk sollte beim Lernen immer in Reichweite stehen, denn das Gehirn braucht genügend Flüssigkeit zum Denken. Wenn Du dann noch Sorgen, Ärger und Streit aussperren kannst, bist Du für Deine nächste Lerneinheit innerlich gut gerüstet.

Eigene Einstellung

Deine Konzentrationsfähigkeit und damit Dein Lernverhalten hängen stark von Deinem Interesse an dem jeweiligen Thema ab. Gut, der Lernstoff ist prüfungsrelevant – insofern hast Du zwangsläufig ‚Interesse'! Trotzdem kannst Du Dich noch besser konzentrieren, wenn Du Deine innere Einstellung zum Inhalt und zum eigentlichen Lernen optimierst.

Oft liegt der tiefere Grund für mangelndes Interesse auch darin, dass man sich in dem Fachgebiet nicht gut auskennt und man nur wenig oder nichts versteht. Genau daran willst Du in den nächsten Tagen und Wochen etwas verändern – und vielleicht wirst Du dem ungeliebten Fach bald sogar noch etwas Positives abgewinnen können.

Der innere Schweinehund

Hörst Du ihn bellen, Deinen inneren Schweinehund: „Oh, ist das viel. Das ist ja richtig anstrengend. Ich habe da echt keine

Vor dem Lernen Sorgen loslassen

Wenn Du immer wieder an eine Dir unangenehme Situation denken musst und Dich dadurch nur schwer auf das Lernen konzentrieren kannst, hast Du zwei Möglichkeiten: Entweder klärst Du die Situation sofort. Oder Du notierst Dir die besorgniserregenden Dinge auf ein Blatt Papier. Was Du Schwarz auf Weiß aufgeschrieben hast, kannst Du erst einmal getrost „vergessen" und dann zu einem späteren Zeitpunkt bearbeiten. Wichtig ist, dass Du den Kopf frei kriegst und anfängst, mit einem Lächeln zu lernen.

Das Motto für Dich

Finde eine Aussage, die Dir gefällt und mit der Du Dich selbst gut motivieren kannst. Spreche Dir diesen Satz mehrmals täglich laut vor. Hänge ihn Dir gut sichtbar über Deinen Lernplatz. Stecke Dir ein entsprechendes Zettelchen in Dein Portemonnaie und in Deine Jackentaschen. Speichere Dir den Satz im Kalender Deines PCs oder Smartphones an verschiedenen Tagen ab. Und immer, wenn es schwierig wird, vertraue auf Deinen Leitspruch … und mache weiter mit dem Lernen.

Lust drauf! Muss das sein? …". Nutzt nichts, so zu denken. Die Prüfung naht unaufhaltsam. Besser wäre es, Du würdest Dich gemeinsam mit Deinem inneren Schweinehund auf den unausweichlichen Termin vorbereiten. Finde hierfür eine positive, innere Botschaft, mit der Du Dich anfeuerst und mit der Du Dir Mut zusprichst.

Zieh den inneren Schweinehund auf Deine Seite: mit Pausen, Belohnungen, Abwechslung!

Locke den inneren Schweinehund zum gemeinsamen Lernen: „Ja, jetzt wird es erst einmal anstrengend, aber ich lerne nach der Lernuhr, das bedeutet, wir machen immer wieder kleine Pausen!". „Ja, wir haben jetzt einen strammen Lerntag vor uns, aber heute Abend belohnen wir uns auch für die Anstrengungen und genießen den Kinofilm."

Hier einige Beispiele solcher Kraftsätze:

- Ich weiß: ich kann das packen!
- Ich schaffe die Prüfung – 100pro!
- Ich rede nicht, ich mach's einfach!
- Ich kann das erreichen - und ich werde es erreichen!
- Ich zieh das jetzt durch und lege eine gute Prüfung ab!
- Aufgeben ist für mich keine Alternative – dranbleiben ist angesagt!
- Ich lass mich nicht unterkriegen – und jetzt erst recht!
- Jetzt gebe ich noch einmal richtig Gas!
- Es war schon einmal knapp – und ich habe es auch geschafft!
- Denen werde ich es zeigen – ich pack, das!

Erfolgreich lernen

Du willst Dich mit den richtigen Lerntechniken auf Deinen Prüfungstermin vorbereiten. Mach Dir dazu die grundsätzliche Struktur einer Lerneinheit noch einmal bewusst:

Picke Dir aus den nachfolgenden Tipps die für Dich passenden heraus - und bereite Deine Prüfung mit Erfolg vor!

1. Was will ich (heute) überhaupt lernen? Inhalt festlegen.

2. Wie beginne ich meinen Lernprozess? Konzentration, Vorwissen aktivieren.

3. Wie gehe ich beim Lernen vor?
   - Inhalte ausarbeiten, reduzieren.
   - Inhalte anwenden: Aufgaben lösen, Beispiele finden.
   - Gelerntes strukturieren: Eigene Zusammenfassung erstellen.
   - Zusammenfassung einprägen.

4. Wie behalte ich das Gelernte? Regelmäßig wiederholen.

Womit fängst Du an?

Du sitzt an Deinem Schreibtisch, den Masterplan im Blick und überlegst, mit welchem Fach Du anfangen sollst. Am besten beginnst Du mit einem Thema, in dem Du schon gute Vorkenntnisse hast. Ein guter Einstieg wäre, eine eigene Zusammenfassung zu diesem Thema zum Beispiel in Form eines selbst formulierten Textes, eines Ablaufplans oder einer Mind Map zu erstellen. Versuche das Wichtigste von dem Themengebiet aufzuschreiben und möglichst gleich Verbindungen zwischen den einzelnen Informationen in eine Struktur (etwa durch Pfeile oder Umrandungen) einzufügen. Benutze dazu erst einmal keine weiteren Hilfsmittel, sondern entwickele die Übersicht aus Deinem Vorwissen (Keine Angst, Du wirst nachher noch weitere Informationsquellen nutzen, um diese Übersicht vollständig und richtig gut zu machen!).

Du willst Dir ein neues Stoffgebiet erarbeiten? Um nachhaltig zu lernen, ist es zu Beginn eines neuen Themas sehr sinnvoll, erst einmal das eigene Vorwissen zu aktivieren. Ergänze erst danach Deine Übersicht mit Fakten etwa aus Fachbüchern.

„Ich kapiere es einfach nicht!"

Aus dieser Situation heraus ist es schwierig, erfolgreich zu lernen. Denn im Zweifel hast Du keine andere Wahl, als den Lernstoff auswendig zu lernen. Das macht selten Spaß und zudem wirst Du in der Stress-Situation der Prüfung das Gelernte kaum sicher abrufen und korrekt darstellen können. Versuche deshalb immer zuerst, den Lernstoff und seine Strukturen zu verstehen.

Youtube, Twitter, Facebook, Web, Wikis

Wer oder was kann Dich dabei unterstützen, den Lernstoff besser zu verstehen? Natürlich kannst Du Deine Lehrer und Dozenten um Hilfe bitten. Aber was tun, wenn Dir diese im Moment nicht zur Verfügung stehen? Fast alle Informationen sind heutzutage auch elektronisch verfügbar. Nutze die Neuen Medien: Auf Youtube findest Du eine geradezu gigantische Anzahl von Video-Tutorials, über Twitter kannst Du Deine Frage an die ganze Welt stellen oder auf Facebook mit Deinen Freunden diskutieren. Über die Suchmaschinen im Internet findest Du eventuell ein fachbezogenes Wiki. Aber Achtung: Beim Surfen verliert man schnell viel Zeit …!

Prüfe die Informationsquelle

Wenn Du im Internet fündig geworden bist, dann prüfe die Information noch einmal ab. Oft hilft Dir dabei der inhaltliche Vergleich mit Deinen Fachbüchern.

„Und Du schaffst es doch!"

Nutze die Kraft der „Selbsterfüllenden Prophezeiung". Wenn Du Dir immer wieder sagst: „Das kapiere ich nie!" – wird es auch so eintreffen. Deshalb macht es viel Sinn, wenn Du Dich anderes herum programmierst: „Das fällt mir im Moment noch schwer. Aber ich beschäftige mich mit dem Stoff und werde es schon noch rechtzeitig verstehen!". Probiere es aus!

Mehrere Texte zum selben Thema lesen

Für ein besseres Verständnis hilft es meist, verschiedene fachliche Texte zum selben Thema zu lesen. Beispielsweise Deine Unterrichtsmitschrift, Arbeitsblätter und Skripte Deiner Lehrer oder Dozenten, die Schulbücher und externe Fachbücher oder Beiträge in den elektronischen Medien. Es gilt bei Deiner Textbearbeitung die folgenden Fragen zu beantworten:

- Wie ist das Thema strukturiert?
- Welche Fachbegriffe tauchen in welchem Zusammenhang auf?
- Welche Beispiele dienen zur Erläuterung?

Betrachte dasselbe Thema aus mehreren Perspektiven
Lies Dir beispielsweise in mehreren Fachbüchern dasselbe Thema durch. Schnell wirst Du die Gemeinsamkeiten, also den Kern der Information, erkennen. Und die unterschiedlichen Erläuterungen und Schaubilder erleichtern das Verständnis.

Lerngruppe

Eine Lerngruppe kann sehr gut dazu beitragen, ein Thema zu erschließen und zu verstehen. Denn Lernpartner können Dir einfach anders, als beispielsweise ein Lehrer oder Dozent, einen Sachverhalt darstellen und erklären.

Aber eine Lerngruppe kann noch viel mehr leisten, als nur Wissenslücken zu schließen. Sie ist immer gut geeignet, um unterschiedliche Lösungsansätze zu diskutieren oder um verschiedene Sichtweisen auszutauschen.

Besonders, wenn eine Menge Lernstoff zu bearbeiten ist, lohnt sich eine Lerngruppe. Wenn jedes Gruppenmitglied einen definierten Teil des Stoffs bearbeitet und den anderen die wesentlichen Erkenntnisse prägnant vorstellt, spart man viel Zeit.

Außerdem motiviert eine Lerngruppe zum regelmäßigen Lernen: Alle haben dasselbe

Alleine lernen oder mit der Lerngruppe?
Ob Du erfolgreicher alleine oder in der Gruppe lernst, hängt auch von der Art des Lernstoffs ab. Das „Grundlagen-Lernen", wie es beispielsweise beim Einprägen von Vokabeln oder Formeln, beim Lesen und Durcharbeiten von Texten oder beim Entwickeln neuer Lösungen nötig ist, gelingt meist besser, wenn man sich alleine in Ruhe damit beschäftigt.

Was ist beim Lernen in einer Lerngruppe zu beachten?
Eine Lerngruppe sollte aus zwei bis maximal fünf Personen bestehen, damit ein intensiver Austausch erfolgen kann. Sinnvoll wäre, wenn alle Teilnehmer ein ähnliches Prüfungsziel verfolgen. Klar, Ihr wollt alle die Prüfung bestehen. Aber es macht eben einen großen Unterschied, ob jemand die Prüfung mit „Sehr gut" oder mit „Bestanden" abschließen möchte!

Ziel vor Augen und in „Durchhängephasen" wird man von den anderen Gruppenmitgliedern aufgefangen und weiter mitgezogen.

Lerngruppen arbeiten besonders gut miteinander, wenn folgende Punkte beachtet werden:

- Für jedes Treffen sollte ein Ziel definiert werden: Was wollen wir heute/beim nächsten Mal gemeinsam erreichen?
- Jeder Teilnehmer hat den Job, sich auf das jeweilige Treffen vorzubereiten. Welche Fachbücher, Artikel sollen gelesen sein, welche Fragen sollen beantwortet werden, zu welchem Thema soll man sich Gedanken machen?
- Oft ist es sinnvoll, einen „Tages-Lerngruppen-Leiter" zu bestimmen. Diese Rolle kann abwechselnd von jedem übernommen werden. Der Leiter führt in das Thema ein und erinnert an das Ziel des Zusammentreffens. Er sorgt dafür, dass alle zu Wort kommen und zu Ende sprechen können. Er sorgt vor allem für eine abschließende Zusammenfassung der wesentlichen Ergebnisse.

Texte durcharbeiten

Du hast ein Fachbuch vor Dir, in dem Du nun einige Seite lesen und verstehen möchtest.

Es ist sinnvoll, zunächst die Einleitung und das Inhaltsverzeichnis anzusehen. Damit gewinnst Du einen ersten Einblick, welche Inhalte in dem Buch dargestellt werden und worauf die Autoren Wert legten. Dann schlage das Kapitel auf, mit dem Du dich befassen willst.

Folgendes Verfahren ist empfehlenswert im Umgang mit unbekannten Texten: Überlege Dir <u>vor</u> dem Lesen, was Du eigentlich wissen willst, welche Fragen der Text Dir beantworten soll.

Du arbeitest damit nicht nur zielgerichtet, sondern bereitest auch Dein Gehirn auf dieses Thema vor und machst es ihm leicht, neue Informationen an bestehende Verknüpfungen anzulagern.

1. Verschaffe Dir einen ersten, groben Überblick über Thema und Inhalt des Textes.

2. Lese dann den ersten Absatz gründlich durch. Welche Gedanken und Begriffe sind besonders wichtig? Unterstreiche oder markiere Dir die entscheidenden Worte.

3. Wiederhole das Gelesene an Hand der unterstrichenen Worte. Ergibt sich ein Roter Faden?

4. Notiere Dir das Wichtigste des Textabschnittes und präge es Dir ein.

5. Arbeite nach diesem Vorgehen den gesamten Text durch.

6. Geh zum Schluss noch einmal Deine Notizen durch und ergänze sie gegebenenfalls.

Du fertigst Dir auf diese Weise eine eigene und komprimierte Zusammenfassung des Textes an. Diese Vorgehensweise hat den unschlagbaren Vorteil, dass Du zuerst einen Überblick gewinnst und erst danach die Details aufnimmst. Damit gibst Du deinem Gehirn die Möglichkeit, in einer vergleichbaren Struktur die Informationen in neuen Verknüpfungen abzulegen.

Fachtext lesen = Überfliegen + Bearbeiten + Wiederholen + Aufschreiben
Zugegeben, diese Methode ist auf den ersten Blick zeitaufwendig. Jedoch wirst Du schnell merken, dass Du Dir den Lernstoff auf diese Weise viel besser merken kannst. Probiere es aus!

Das A und O: Eigene Zusammenfassungen

Viele Einzel-Informationen müssen, wenn Du die Zusammenhänge verstanden hast, nicht gebüffelt werden, denn oft kannst Du sie Dir logisch wieder herleiten. Du benötigst dafür meist nur ein Stichwort, das Dich an die wichtigen Punkte erinnert. Deshalb ist es so „überlebenswichtig", dass Du Dir selber Zusammenfassungen erstellst.

Zusammenfassungen und Spickzettel

„Das, was ich nicht weiß, schreibe ich mir auf einen Spickzettel!" – kennst Du diese Aussage? Interessanterweise wird der Spickzettel bei Prüfungen dann aber doch kaum genutzt. Denn mit dem Verfassen hat man schon ganz Wesentliches dazu getan, um erfolgreich zu lernen: Man hat die Lerninhalte durchgearbeitet, das Wichtigste markiert und sich aufgeschrieben. Und damit auf dem meist kleinformatigen Spickzettel einen neuen Zusammenhang zwischen den ganzen Informationen geschaffen.

Bilder

„Ein Bild sagt mehr als 1000 Worte!" – so sagt ein Sprichwort. Was damit gemeint ist? Anspruchsvolle Sachverhalte, komplizierte Zusammenhänge, langwierige Abläufe und Verfahren lassen sich in Form einer bildlichen Darstellung oft einfacher erklären und viel übersichtlicher darstellen.

Auch Gedächtnismeister merken sich Bildern, wenn sie ihre Gedächtniskunststücke vollbringen (siehe Apps in Teil 3), weil Bilder einen viel stärkeren Eindruck hinterlassen als eine rein textliche Darstellung.

Mind Map (nach Tony Buzan)

Mind Maps stellen eine kreative Form von Zusamenfassungen dar. Die Grundidee der Mind Map-Technik ist, erst Begriffe in einem Brainstorming zu finden und diese dann zu ordnen. Zuerst gilt es also wieder, das ei-

Zusammenfassungen
Deine Zusammenfassung sollte die Struktur des Themas, die wesentlichen Fakten, Besonderheiten sowie möglichst ein paar Skizzen oder Schaubilder enthalten. Wenn es Dir gelingt, diese konzentrierten Informationen auf nur ein Blatt Papier zu bringen, kannst Du sogar „alles auf einen Blick" erfassen!

gene Vorwissen zu aktivieren und dieses dann in einer bestimmten Art und Weise zu strukturieren.

Mind Maps haben die Struktur eines „beschriftetes Baumdiagramm" bzw. einer ‚Gedankenlandkarte'. Wo liegt die Gemeinsamkeit einer Baumkrone und einer Straßenkarte? In beiden Fällen siehst Du „Hauptadern": Das sind die dicken Äste oder die Autobahnen. Und Du siehst auf einen Blick auch, wie sich die Äste und Straßen gabeln, sich teilen, sich immer feiner verzweigen. So sollen sich Deine Gedanken auch ordnen: Vom Grundsätzlichen zum Detail. Anders als bei einer reinen Textzusammenfassung kann man eine Mind Map auch noch einfach um neue Gedanken ergänzen, ohne dass Du alles neu schreiben musst.

In zwei Schritten zur Mind Map

Im ersten Schritt schreibe alles auf, was Dir spontan zum Thema einfällt. Fasse dann die

Mind Map kreativ gestalten
Je mehr Bilder und Symbole und je mehr Farben Du nutzt, also je auffälliger Du die Inhalte darstellst, umso besser kannst Du sie behalten.

gefundenen Worte zu Rubriken zusammen und finde dazu je einen bedeutungsvollen Schlüsselbegriff. Es macht nichts, wenn Du zu diesem Zeitpunkt noch nicht „alle richtigen Worte" zu Deinem Schlüsselbegriff gefunden hast. Du kannst sie später problemlos ergänzen.

Im zweiten Schritt beginnst Du mit dem Zeichnen der Mind Map. Nimm Dir dazu ein DIN A4- (besser noch ein DIN A3-) Blatt Papier im Querformat (das Querformat lässt Dir mehr Platz zum Beschriften).

Vermerke das Thema zentral in der Blattmitte und umrande es (das „Thema" entspricht dem „Baumstamm": Du schaust von oben auf einen quer durchgeschnittenen Stamm).

Führe nun eine dickere Linie (einen „Haupt-Ast") von dem Thema (dem „Stamm") weg und schreibe oberhalb der Linie den ersten Schlüsselbegriff auf. Verfahre so mit allen Deinen Schlüsselbegriffen: Jeder Schlüsselbegriff erhält also einen eigenen Haupt-Ast.

Wie bei einem echten Baum, verzweigt sich dieser Haupt-Ast nun in Neben-Äste weiter: ausgehend von Deinem Schlüsselbegriff verfeinerst Du diesen um passende Hauptbegriffe. Auch diese zweite Neben-Ast-Ebe-ne kann sich noch weiter verzweigen; ergänze die einzelnen Hauptbegriffe um weitere Einzelbegriffe. So entsteht eine Gedanken-kette, die in einer bestimmten Reihenfolge geordnet ist.

BeimAufschreiben und Entwickeln der Mind Map fallen Dir wahrscheinlich noch mehr „gute Ideen" zu Deinen verschiedenen Begriffen ein – ergänze diese an der passenden Stelle.

Noch einmal zusammengefasst: Die Zusammenfassung

Zusammenfassen bedeutet, dass Du Deine Gedanken verdichtest. Nur das Wichtigste soll übrig bleiben! Diese Gedanken verbindest Du zu Strukturen, in dem Du die Abhängigkeiten zwischen den einzelnen Punkten darstellst. Je übersichtlicher Du dies gestaltest, desto besser kannst Du auf einen Blick ein ganzes Sachgebiet erfassen.

Mind Map übersichtlich halten
Vom Haupt-Ast zum Neben-Ast zum Zweig … mehr als drei Begriffs-Ebenen sind meist nicht sinnvoll, weil die Übersichtlichkeit verloren geht. Am besten notierst Du Deine Begriffe auf der Mind Map mit Druckbuchstaben – Du kannst es einfach besser lesen.

Beispiele für Zusammenfassungen

- Der selbst verfasste **Fließtext**. Du formulierst ganze Sätze, die sich logisch strukturiert aneinander reihen und das Gelernte kurz und prägnant, aber im Zusammenhang wiedergeben (Stichwort: Das Wichtigste auf einer Seite!).

- Die **Checkliste** ist eine Prüfliste, auf der die wichtigsten Punkte notiert – und bei Gebrauch „gecheckt" und dann als erledigt abgehakt werden. Der Lerneffekt ergibt sich aus dem Festlegen des vollständigen Inhalts, der sinnvollen Reihenfolge und des mehrfachen Überprüfens (=wiederholen) bezogen auf eine konkrete Aufgabenstellung.

- Die **TOP TEN-Liste** ist eine Liste mit zehn zentralen Begriffen, Sätzen, Formeln o.ä.! Die Idee liegt in der Begrenzung des Inhalts auf die zehn wichtigsten Kernaussagen. Der Lerneffekt ist vergleichbar mit dem der Checkliste.

- Der **Spickzettel**: Das Wichtigste auf klitzekleinem Platz!

- Der **Ablaufplan** stellt eine schlüssige Abfolge von Einzelschritten dar (Womit ist zu beginnen, was kommt dann? Und

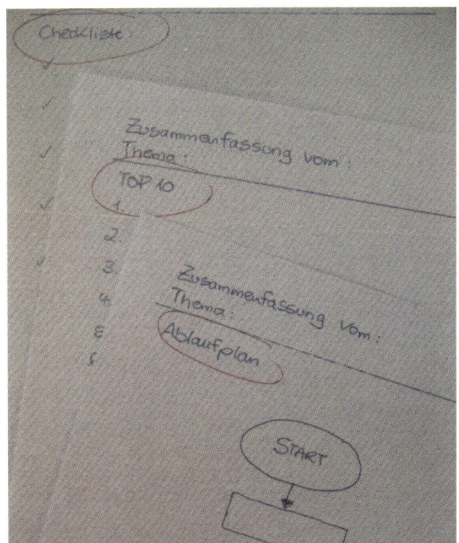

dann? Und wie endet der Ablauf?). Er ist vergleichbar mit einem Kochrezept oder einer Waschanleitung. Der Lerneffekt ergibt sich vor allem aus der Definition der einzelnen Aktivitäten und der Festlegung der sachlogischen Reihenfolge.

• Das **Schaubild**: Abstrakte Informationen werden mit Symbolen, Pfeilen, Linien aufbereitet und in einen schematischen Zu-

sammenhang gebracht. Der Lerneffekt entsteht aus dem Reduzieren des Inhalts und dem Darstellen in einem einfachen Zusammenhang.

• Die **Mind Map** ist eine kreative Darstellung von Inhalten in Form von Hierarchien und sich aus Schlüsselbegriffen entwickelnden Gedankenketten. Zu den bereits oben ausgeführten Lerneffekten kommt hier noch die zeitlich meist längere Beschäftigung mit dem gesamten Mind Map zum Tragen, also dass Du die Inhalte noch häufiger durchdenkst und damit noch besser ordnest.

Mach einen Rahmen drum!
Leider finden sich nicht immer gute Bilder für einen Lerninhalt. Dann verziere die wichtigsten Worte mit einem Rahmen. Diese Begriffe fallen, vor allem wenn Du sie farbig umrandest, richtig auf. Und was auffällt, wird besser gelernt!

Bilder statt Text
Lass Deine Fantasie spielen: Welches Bild drückt einen bestimmten Lerninhalt besonders gut für Dich aus? Beispielsweise könntest Du Dir Zusammenhänge in Form eines Baums merken: Die Baumbestandteile könnten mit den Elementen „Voraussetzungen = Wurzeln", „Aktionen = Stamm" und „Folgen = Äste" usw. verbunden werden.

Wiederholen und Behalten

So langsam kommst Du in die Endphase Deiner Prüfungsvorbereitung. In der zurückliegenden Zeit hast Du schon eine Menge erledigt:

- Die Prüfungsinhalte und den Prüfungstermin hast Du verbindlich abgeklärt.
- Du gehst gut motiviert in jede Lerneinheit, achtest bewusst auf Pausen.
- Die Lerninhalte hast Du verstanden (oder Du bist auf dem Weg dahin).
- Du hast die Lerninhalte (schon fast alle) durchgearbeitet und sie liegen Dir in komprimierter Form als Zusammenfassungen vor.

Damit Du am Prüfungstermin alles schnell, sicher und korrekt abrufen kannst, ist es notwendig, dass sich das neu Gelernte in Dein Wissensnetz einfügt.

Denke an ein Klettband: Auf der einen Seite ist Dein vorhandenes Wissensnetz und auf der anderen Bandseite ist das neu Gelernte. Du willst beides dauerhaft zusammenbringen. Also müssen sich beide Seiten miteinander verhaken können.

Die gute Nachricht: Du hast bereits einiges dafür getan, dass sich das neu Gelernte in Deinem Gehirn verhaken, also festigen konnte. Und zwar immer dann, wenn Du Dich in irgendeiner Form mit Deinem Lernstoff auseinandergesetzt hast, beispielsweise durch das bewusste Aktivieren Deines Vorwissens zu Beginn einer Lerneinheit, durch das Lesen und Bearbeiten von Fachtexten, durch die Zusammenarbeit in der Lerngruppe oder durch das Niederschreiben Deiner eigenen Zusammenfassungen.

Wenn Du nun bemerkst, dass Du aber doch noch nicht alles richtig abrufen kannst oder dass es Dir noch schwer fällt, gute Antworten selber zu formulieren – dann musst Du noch was tun.

Wiederholen mit den Zusammenfassungen

Am besten wiederholst Du anhand Deiner Zusammenfassungen. Die hast Du selbst entwickelt und sie sollten für Dich schlüssig sein.

Im Zweifel weißt Du, welche Informationsquellen Du beim Erstellen genutzt hast (und kannst schnell bei eventuellen Unklarheiten im Originaltext die Details nachlesen).

Wiederholen am Abend

Kennst Du den Spruch „Zum Lernen leg Dir das Buch unter das Kopfkissen!"? Darin steckt schon der Vorteil des abendlichen Lernens: Wenn Du Dich direkt vor dem Schlafen mit Deinem Lernstoff auseinandersetzt, hat das Gehirn nachts genügend Zeit, die Informationen zu verarbeiten. Vielleicht kennst Du den Effekt: Bevor Du eingeschla-

„Repetitio est mater studiorum" - Wiederholung ist die Mutter des Studierens.

Wiederholen beim Zähneputzen

Eine Seminar-Teilnehmerin verriet uns ihren Lieblings-Lern-Tipp: „Wenn ich mir bestimmte Begriffe oder Zusammenhänge einfach nicht einprägen kann, fertige ich mir eine schön gestaltete, farbige Übersicht an.

Dieses Papier befestige ich an einer Stelle in der Wohnung, an der ich oftmals am Tag vorbeikomme, etwa am Spiegel im Badezimmer oder auf der Rückseite der Wohnungstür oder der Toilettentür.

Sollte mir der Zettel nicht mehr auffallen, was meist nach zwei bis drei Wochen passiert, ersetze ich ihn durch einen neuen, auffällig anders gestalteten. Das hilft, dass meine Aufmerksamkeit nicht erlahmt. Und zudem macht diese Art des Lernens riesig Spaß."

fen bist, hast Du noch ein Problem gewälzt – und am Morgen wirst Du wach und hast eine Lösung dazu!

Wiederholen mit den Lernkarten (nach Sebastian Leitner)

Vor allem für Definitionen, Fakten oder Formeln lernen sind Lernkarten zum systematischen Lernen und Wiederholen gut geeignet. Auf die Vorderseite einer Lernkarte kommt die Frage oder der Fachbegriff, auf die Rückseite kommt die Lösung. Und nun schaust Du Dir die Lernkarten systematisch in einem bestimmten zeitlichen Rhythmus an.

Wie arbeitest Du sinnvoll mit den Lernkarten?

Du benötigst für die Lernkarten einen längeren Kasten und fünf Trennkarten. Die einzelnen Trennkarten kannst Du z.B. beschriften mit:

* Fach 1: NEU/Täglich
* Fach 2: OKAY/Tag 1 bis 3
* Fach 3: GUT/1 Woche
* Fach 4: SUPER/1 Monat
* Fach 5: FERTIG/3-6 Monate.

Anfangs befinden sich alle Lernkarten in Fach 1. Die Karten im Fach 1 werden täglich (!)wiederholt. Ist die Lösung richtig, so wird die Karte in das nächste Fach, in dem Fall also in das Fach 2 gesteckt. War die Lösung nicht korrekt, bleibt die Lernkarte in Fach 1.

Die Lernkarten aus Fach 2 werden in den nächsten drei Folgetagen wiederholt. Ist die

Lege Dein Buch einfach unters Kopfkissen …
Wenn Du direkt vor dem Einschlafen noch einmal Deine selbst verfassten Zusammenfassungen zum Lernstoff durchliest, lernst Du wirklich in Schlaf! Denn Dein Gehirn verarbeitet über Nacht das Gelernte.
Wenn Du Dein Buch allerdings nur unters Kopfkissen legst – gibt's eher Kopfschmerzen vom unbequemen Liegen!

Lösung korrekt, wandert die Lernkarte in das Fach 3; wenn die Lösung fehlerhaft ist, wird die Karte wieder ins Fach 1 gesteckt.

Die Lernkarten in Fach 3 werden nach einer Woche wiederholt; die Karten in Fach 4 nach einem Monat; und die Karten in Fach 5 nach drei bis sechs Monaten.

Das Prinzip ist immer dasselbe: Die Karte mit der korrekten Antwort, kommt ins nächste Fach. Die Karte mit der falschen Antwort kommt ins allererste Fach zurück.

Innerhalb eines Monats werden so mindestens vier Wiederholungseinheiten auf recht spielerische Weise durchgeführt.

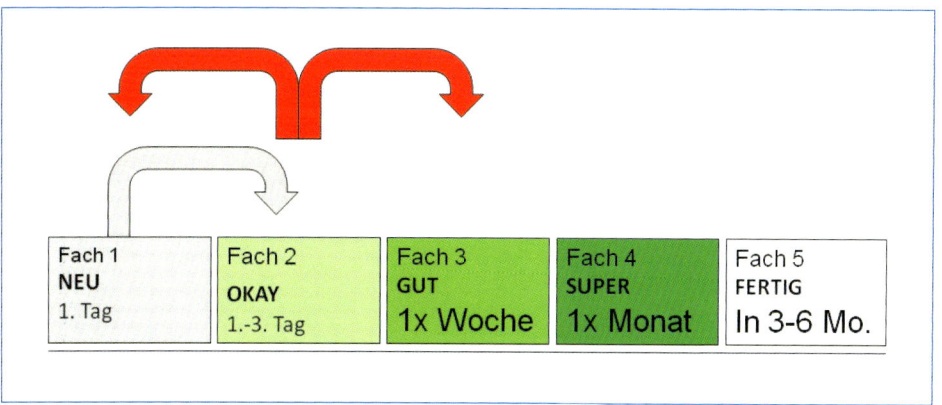

| Fach 1
NEU
1. Tag | Fach 2
OKAY
1.-3. Tag | Fach 3
GUT
1x Woche | Fach 4
SUPER
1x Monat | Fach 5
FERTIG
In 3-6 Mo. |

Lernkarten selbst schreiben

Am besten erarbeitest Du Dir die Lernkarten selber. Schon durch die Auswahl der Fragen und durch die selbst formulierten Antworten musst Du Dich mit dem Lernstoff intensiv auseinander setzen: Was schreibe ich auf? Wie strukturiere ich die Antwort? Versuche Deine Antworten in einen Zusammenhang zu stellen. Schreibe Dir also beim Vokabellernen nicht nur die Übersetzung auf sondern auch einen Beispielsatz, in dem die Vokabel richtig verwendet wird. Oder zeichne Dir zu einer mathematischen Gleichung auch gleich den entsprechenden Graph dazu.

Solltest Du Dir unsicher beim Auswählen der Fragen und Antworten sein oder hast Du ganz einfach keine Zeit-Kapazitäten mehr, besorge Dir fertige Lernkarten. Du profitierst immer noch durch das systematische Wiederholen.

Lernkarten mehrfach nutzen

Lernkarten lassen sich vielfältig nutzen:

- Als Hilfsmittel zum Lernen und Wiederholen.
- Als Warming-up zu Beginn einer Lerneinheit.
- In einer Lerngruppe. Besonders Spaß macht es, wenn jeder ein paar Lernkarten ausarbeitet und so ein echtes Quiz entsteht.
- Und nach Deiner erfolgreich abgelegten Prüfung helfen die Lernkarten vielleicht einem anderen Prüfungskandidaten …!

Wiederholen mit Eselsbrücken

Die Lerninhalte, die einfach nicht „hängen bleiben wollen", sind für das Gehirn wohl schwer einzuordnen - und damit auch schwer zu behalten.

Beispiel: Wird zur Sommerzeit die Uhr vor- oder zurückgestellt? In solchen Fällen kann Dir eine Eselsbrücke helfen – einfach, indem sie den Lernstoff in einen für Dein Gehirn gut verständlichen Zusammenhang setzt.

Für das Sommerzeit-Beispiel empfiehlt sich folgende Eselsbrücke:

Im Frühjahr stellt man die Gartenmöbel <u>vor</u> die Tür, im Herbst stellt man sie <u>zurück</u> in den Schuppen. Nutze diese Erkenntnis: Suche nach vorhandenen Eselsbrücken für Dein Thema – oder denke Dir am besten eigene aus.

Gelerntes anwenden

Übungs-/Prüfungsaufgaben lösen

Um nachhaltig zu lernen und um sicher zu sein, dass Du auch alles richtig verstanden hast, sind Übungsaufgaben ideal geeignet. Aus Tests und Klausuren kennst Du typische Formulierungen von Fragen wie „**Nennen** Sie drei Maßnahmen ...; **Erläutern** Sie, warum ...; **Beurteilen** Sie das Ergebnis!; **Berechnen** Sie ...; **Stellen Sie grafisch dar** ...".

Auf Fragen richtig antworten
Erstelle mit Deiner Lerngruppe eigene Übungsfragen und entwickelt dazu die passenden Antworten. Nutze die unterschiedlichen Fragearten auch für die Entwicklung von Lernkarten.

Fragearten (Operatoren)

Worauf kommt es bei der Beantwortung an? Nachfolgend einige Beispiele:

Frageart	Erläuterung
Nennen/Benennen	Informationen, Fakten, Aspekte ohne weitere Erläuterung oder Kommentierung aufzählen
Beschreiben	genaue, in sich schlüssige, auf Wertung verzichtende Darstellung von Sachverhalten in eigenen Worten
Skizzieren	Einen Sachverhalt in groben Zügen, auf das Wesentliche beschränkt darstellen; oder eine Grafik angemessen per Hand darstellen
Zusammenfassen	Inhalte, Aussagen, Zusammenhänge auf das Wesentliche komprimieren, strukturieren und in der Fachsprache richtig darstellen
Analysieren	Merkmale eines Textes systematisch und gezielt untersuchen („zerlegen") und auswerten
Charakterisieren	Sachverhalte oder Personen mit ihren typischen Merkmalen pointiert beschreiben
Darstellen	Strukturen und Zusammenhänge sachlich, mit eigenen Worten beschreiben und verdeutlichen

Erklären	Informationen durch eigenes Wissen und eigene Einsichten begründet in einen Zusammenhang stellen
Erläutern	Einen Sachverhalt mit zusätzlichen Informationen versehen (etwa mit Beispielen und Begründungen) und dadurch veranschaulichen und verdeutlichen
Vergleichen	Gemeinsamkeiten und Unterschiede herausarbeiten und gewichtend gegenüberstellen, Ergebnis formulieren
Begründen	Eine Meinung, eine Argumentation korrekt und sachlich fundiert durch Argumente und Beispiele absichern
Beurteilen	Einen Sachverhalt reflektieren, prüfen und ein eigenes Urteil dazu formulieren und dies begründen
Erörtern	Eigene Gedanken zu einem Problem, einer These entwickeln, sich kritisch damit auseinandersetzen und ein abgewogenes Urteil fällen
Visualisieren	Inhalte, Strukturen eines Textes in Form eines Schaubildes darstellen
Berechnen	Von einer Formel, einem Lösungsansatz ausgehend einen Rechenweg darstellen
Ermitteln	Einen möglichen Lösungsweg darstellen und das Ergebnis formulieren
Zeichnen	Anfertigen einer grafischen Darstellung, die die wesentlichen Punkte der Zeichnung ausreichend exakt erfasst

Prüfungssimulation

Du hast das gute Gefühl, dass Du den Lernstoff verstanden hast und auch abrufen kannst. Jetzt fehlt Dir nur noch ein kleiner Schritt, um Deine Prüfungsvorbereitung bald abschließen zu können.

In der Prüfung wird von Dir verlangt, dass Du einen Sachverhalt erfassen kannst und die gestellte Aufgabe korrekt löst. Dass Du also etwas verständlich erläutern oder richtig berechnen kannst. Und zwar mit eigenen Worten.

Wenn Du bisher mit selbst erstellten Zusammenfassungen, mit Lernkarten, mit Übungsaufgaben und in einer Lerngruppe gelernt hast, bist Du auf die Prüfungsanforderungen bereits gut vorbereitet, denn Du hast Dein Ausdrucksvermögen schon trainiert.

Übe nun mit alten Prüfungssätzen, ob Du den Anforderungen auch zeitlich gerecht wirst.

Stell Dir eine Uhr und bearbeite eine komplette Prüfung in der vorgesehenen Zeit.

Und noch eine Handvoll Kurz-Tipps:

1. Lernhemmung

Achte beim Lernen darauf, dass Du keine gleichartigen Inhalte hintereinander lernst. Es besteht die Gefahr, dass Dein Gehirn wegen der Ähnlichkeit die Lerninhalte nicht mehr zuordnen kann.

Beispiel: Nach französischen Vokabeln keine spanischen Vokabeln lernen, sondern besser ein mathematisches Problem bearbeiten.

2. Lernen und Essen

Viele Menschen entwickeln beim Lernen einen unbändigen Appetit, vor allem auf Süßes. Bevor Du dich nur mit Schokolade vollstopfst, lege Dir Nüsse und leckeres Obst in Reichweite. Du nimmst zwar trotzdem (wahrschinlich zu) viele Kalorien zu Dir, aber es sind wenigstens gesunde! Und trink regelmäßig!

3. Umgang mit Fehlern

Du hast eine Aufgabe fehlerhaft gelöst, das bedeutet, dass Du gerade einen Hinweis bekommst, dass du den Lernstoff noch nicht gut genug beherrschst. Tja: Besser jetzt als in der Prüfung!

Lange schreiben statt schnell tippen
Trainiere eine gut lesbare Handschrift, indem Du Zusammenfassungen, Lernkarten, Antworten zu Übungsaufgaben selber zu Papier bringst. Lockere Dein Handgelenk durch regelmäßiges Schütteln. Dein Ziel bis zum Prüfungstag ist, ermüdungsfrei über längere Zeit schreiben zu können.

4. Lernen und Bewegung

Du wirst viel Lernzeit am Schreibtisch verbringen. Wenn Du etwas mündlich formulieren willst oder mit den Lernkarten trainierst, dann gehe oder tänzele doch dabei in Deinem Zimmer hin und her.

Diese kleine Bewegungseinheit lockert oft auch Deine Gehirnzellen – und reduziert den „Prüfungsspeck".

5. Kein Ziel ohne Kontrolle

Gewöhne Dir an, Deinen selbst aufgestellten Lernplan zeitnah zu überprüfen: Wo stehst Du aktuell? Was ist erledigt? Was ist noch offen? Wer oder was kann Dir bei dem Unerledigten noch helfen? Darfst Du Dir den Mut zur Lücke erlauben?

Der Tag vor der Prüfung

Eine mehr oder weniger intensive Lernzeit liegt nun hinter Dir. Morgen geht es in die Prüfung. Und morgen kannst Du auch endlich zeigen, was in Dir steckt!

Die 10 Gebote für den Tag davor

1. Stehe rechtzeitig auf. Wenn Du zu lange ausschläfst, kommst Du aus Deinem Wach-Schlaf-Rhythmus: Du wirst am Abend nicht müde und dann kommt noch die Aufregung der bevorstehenden Prüfung dazu. Deine Nacht wird unruhig werden und die Gefahr ist groß, dass Du übermüdet in die Prüfung gehst.

2. Gehe bewusst an Deine letzten Lerneinheiten. Heute ist nur noch Wiederholen sinnvoll. Schaue Dir dazu Deine Zusammenfassungen an. Verdeutliche Dir noch einmal die Strukturen. Da Du darin bereits geübt bist, reicht eine kurze Auffrischung, um alles wieder präsent zu haben. Und schließe dann mit dem Lernen ab.

3. Neue Lerninhalte solltest Du heute nicht mehr lernen. Dein Gehirn hat einfach zu wenig Zeit, diese neuen Inhalte noch zu verknüpfen und richtig abzuspeichern.

4. Überlege Dir genau, ob Du Dich noch mit Deinen Freunden triffst. Wenn die auch Prüfungsteilnehmer sind, werdet ihr wahrscheinlich noch viel über die Lerninhalte reden. Und da alle nervös sind, macht ihr Euch nur gegenseitig verrückt. Besser sind heute Freunde, die keine Ahnung von Deinen Prüfungsinhalten haben und Dich so eher auf andere Gedanken bringen.

5. Bevor Du heute als Couch-Potato endest: Mache lieber etwas (!) Sport. Bewege Dich, und wenn es nur ein Spaziergang im Wald oder um den Straßenblock herum ist. Das aufputschende Adrenalin muss abgebaut werden, sonst kommst Du zur Schlafenszeit nur schlecht zur Ruhe. Aber übertreibe es auch nicht, denn mit heftigem Muskelkater schreibt sich eine Prüfung auch nicht so einfach!

6. Sich selbst verwöhnen – das ist heute eine richtig gute Idee. Gönne Dir etwas Schönes, denn die letzten Wochen hast Du stramm gearbeitet.

7. Vorsicht mit Alkohol: „Ein Gläschen in Ehren" – das mag dem Einen oder Anderen helfen, sich etwas besser

zu entspannen. Aber Alkohol verändert die Schlaf-
qualität: Du schläfst zwar schneller ein, aber dafür schläfst
Du weniger tief und wachst wahrscheinlich öfter auf.

8. Lege Dir für morgen alles Notwendige schon bereit: Die
    Einladung zur Prüfung zusammen mit einer offiziellen
    Notfall-Telefonnummer, mehrere Schreibstifte, erlaub-
    te Hilfsmittel (wie Gesetzestexte, Formelsammlungen,
    Taschenrechner usw.), Wohlfühl-Kleidung und beque-
    me Schuhe, eventuell Dein Kuscheltier, eine Flasche
    Wasser, etwas zum Essen …!

9. Gehe zu einer „normalen" Zeit ins Bett. Ein Erwachse-
    ner hat ein Schlafbedürfnis von ca. sechs bis acht Stun-
    den pro Nacht.

10. Und wenn Du nicht einschlafen kannst oder mitten in
    der Nacht wach wirst, dann mach eine Phantasiereise,
    meditiere oder lege eine Einheit progressive Muskel-
    entspannung ein. Einfach Augen zu und gleichmäßig
    weiteratmen … auch dann hast Du einen Erholungs-
    effekt!

Schlaf mit dem guten Gefühl ein, dass Du Dich in den letzten Wochen so gut wie möglich vorbereitet hast. Mit dem Grundverständnis der fachlichen Zusammenhänge und Strukturen solltest Du in jedem Fach zumindest durchkommen, selbst wenn Du im einen oder andern Fall den Mut zur Lücke hattest.

Die Prüfung

Heute gilt es! Steh früh genug auf, so dass Du Dich stressfrei auf den Tag vorbereiten und wenigstens noch eine Kleinigkeit essen kannst. Mach Dich rechtzeitig auf den Weg zum Prüfungsort: berücksichtige mögliche Verzögerungen, beispielsweise durch hohes Verkehrsaufkommen.

Übrigens: Es ist völlig normal, dass Du vor einer Prüfung „Nerven" zeigst und Dich nicht so gut fühlst. Mach Dir noch einmal klar, dass der Erfolg einer Prüfung weitgehend davon abhängt, wie gut und konsequent man sich darauf vorbereitet hat. Aus dem Stand ohne Vorbereitung eine hervorragende Note zu schreiben oder mit einer perfekten Vorbereitung durchzufallen – beides ist sehr selten! Also, Kopf hoch, lass Dich nicht von den Anderen durch Fragen wie „Hast Du das gelernt …? Wie war nochmal …?" verrückt machen. Atme weiter und bereite Dich gedanklich darauf vor, wie Du gleich eine Prüfungsfrage nach der anderen gut lösen wirst …

Die schriftliche Prüfung

Insider-Tipps für schriftliche Prüfungen

1. Grundsätzlich gilt für alle schriftlichen Prüfungen: Lese Dir immer zuerst alle Aufgaben im Überblick kurz durch. Damit hast Du eine erste Orientierung. Beginne mit der Aufgabe, die Dir am leichtesten fällt. Lese Dir diese Aufgabe jetzt sorgfältig durch. Und markiere Dir: Was ist gefragt? Was ist mein Auftrag? Genaues Lesen der zu bearbeitenden Aufgabe ist von hoher Bedeutung. Oft werden Arbeiten abgewertet, weil man eine vermeintlich bekannte Fragestellung zu erkennen glaubt und dazu seitenlang sein Wissen darstellt. Leider hat man nur nicht bemerkt, dass tatsächlich etwas ganz anderes gefragt war.

2. Notiere Dir zuerst Deine Gedanken auf dem Konzeptpapier – so kannst Du jederzeit darauf zugreifen und verhinderst erfolgreich ein Blackout!

3. Fange an zu schreiben. Du erhältst keine Punkte für das, was Du Dir zu der Aufgabe gedacht hast, sondern nur für Deine lesbaren Ausführungen.

4. Bei der Beantwortung der restlichen Fragen: Achte auf die erreichbare Punktzahl

40 Min

– und passe Deine Zeit und die Ausführlichkeit Deiner Antwort darauf an!

5. Hake die bearbeiteten Aufgaben sofort ab.

6. Lege eine Uhr vor Dich und kontrolliere regelmäßig, ob Du noch in der Zeit liegst.

7. Gib nicht vorzeitig auf … oder ab! Kontrolliere lieber noch einmal, ob Du alle Fragen vollständig beantwortet hast und ob die Qualität Deiner Antworten den Anforderungen entspricht.

Ich will, ich kann, ich werde!

Die mündliche Prüfung

Vor mündlichen Prüfungen sind fast alle Menschen nervös. Schon die Vorstellung, dass man vor mehreren, meist unbekannten Prüfern frei sprechen soll, ist aufregend. Umso wichtiger, dass man sich einigermaßen wohlfühlt in seiner Haut. Zieh Dir bequeme, aber dem Anlass angemessene Kleidung und Schuhe an. Vorsicht mit stark duftendem Parfum oder After Shave: Beim (nervös bedingtem) Schwitzen verstärkt sich der Geruch noch.

Eine Stilfrage: Was zieht man in einer mündlichen Prüfung an?
Eine Prüfungssituation ist immer eine offizielle Angelegenheit. Versuche im Vorfeld herauszubekommen, ob es irgendwelche „Kleiderordnungen" gibt. Ansonsten bist Du mit einem sauberen und gebügeltem, gemäßigt modischem und eher leicht businessähnlichem Outfit auf der sicheren Seite. Letztendlich soll Deine Kleidung nicht ablenken, sondern Deine Kompetenz unterstreichen.

Präsentation

Mündliche Prüfungen können aus einer vorangehenden Präsentation und einem anschließenden Fachgespräch bestehen.

Sofern Du die Präsentation zu Hause vorbereiten kannst: Übe sie! Übe sie! Übe sie!

Und wenn Du Dein Thema erst am Prüfungstag erhältst, achte auf einen strukturierten Ablauf:

- Einleitung: Du formulierst die Aufgabenstellung noch einmal mit eigenen Worten;

- Hauptteil: Du erläuterst Deinen Lösungsansatz, zeigst alternative Lösungen auf, beschreibst Deine Entscheidung und gibst einen Ausblick;

- Schluss: Du fasst Deine wichtigsten Aussagen noch einmal zusammen.

Oft sind neben der fachlichen Richtigkeit und Argumentation auch Prüfungskriterien wie Einhalten des Zeitlimits, freies und flüssiges Sprechen, erkennbarer Roter Faden oder Unterstützung der Präsentation mit Medien von Bedeutung. Und nicht zuletzt fließt gerade bei Präsentationen auch der persönliche Auftritt und das äußere Erscheinungsbild mit in die Bewertung ein.

Begrüßung und Vorstellen

Rechne damit, dass Du aufgefordert wirst, Dich kurz vorzustellen. Niemand erwartet jetzt Deinen ganzen Lebenslauf. Viele Prüfer wollen mit dieser eigentlich einfachen Aufgabe dem Prüfling die Nervosität nehmen (schließlich spricht er über etwas Bekanntes …).

Fachgespräch mit Fragen und Antworten

Viele mündliche Prüfungen laufen so ab, dass der Prüfer Fragen stellt – und Du sollst sie sofort beantworten.

Höre genau zu, was gefragt wird. Überlege kurz, was Du wie sagen willst und antworte dann klar und deutlich. Plappere nicht einfach drauf los, aber lasse Dir aber auch nicht jedes Wort einzeln aus der Nase ziehen.

Biete Dein Wissen an, indem Du eigene Beispiele entwickelst oder indem Du selber auf andere Themen hinweist: „In dem Zusammenhang könnte man auch an … denken!".

Vermeide in Deinen Antworten Ausreden wie: „Gestern habe ich es noch gewusst!". Jeder erfahrene Prüfer kennt diese Formulierung und durchschaut Dein Ablenkungsmanöver.

Und wenn Du wirklich keine Antwort weißt? Wenn es sich nur um einen kurzen „Blackout" handelt – nutze einen rhetorischen Kniff und wiederhole die gestellte Frage: „Wie ich es verstanden habe, möchten Sie wissen …". Oder: „Da muss ich mal kurz nachdenken,

Beeinflussung eines Prüfungsgesprächs
Denk dran: Oft entwickeln sich weitere Prüfungsfragen erst aus Deinen Antworten!

Gruppenprüfung
Es empfiehlt sich bei Gruppenprüfung auch dann mitzudenken, wenn die anderen befragt werden. Es könnte nämlich sein, dass auch Du plötzlich um eine Antwort gebeten wirst.

Sie wollen also wissen …". Mach eine kleine Pause – und dann ist Dir hoffentlich eine erste Antwort eingefallen!

Wenn der Prüfer Dich aber tatsächlich auf dem falschen Fuß erwischt hat und Du hast „keine Ahnung" vom Thema, dann druckse nicht lange rum, sondern stehe dazu. Deine Prüfungszeit ist begrenzt und die meisten Prüfer werden nun versuchen, ein anderes Thema mit Dir zu bearbeiten.

Typische Fragen, die in mündlichen Prüfung gestellt werden, sind beispielsweise

• Was meinen Sie mit …?

• Welche Lösungen sind in dem Fall auch noch denkbar?

• Wie beurteilen Sie die Erfolgsaussichten …?

• Was könnten denn die Ursachen sein …?

• Welche Folgen sehen Sie bei diesem Vorgehen?

• Wer oder was ist auch noch davon betroffen?

• Wie kommen Sie zu der Bewertung …?

Am Ende der mündlichen Prüfung wirst Du wahrscheinlich aus dem Prüfungsraum geschickt, so dass sich die Prüfer ungehindert beraten können. Oft ist es so geregelt, dass der Prüfling anschließend sofort eine Bewertungsaussage über die abgelegte Prüfung erhält.

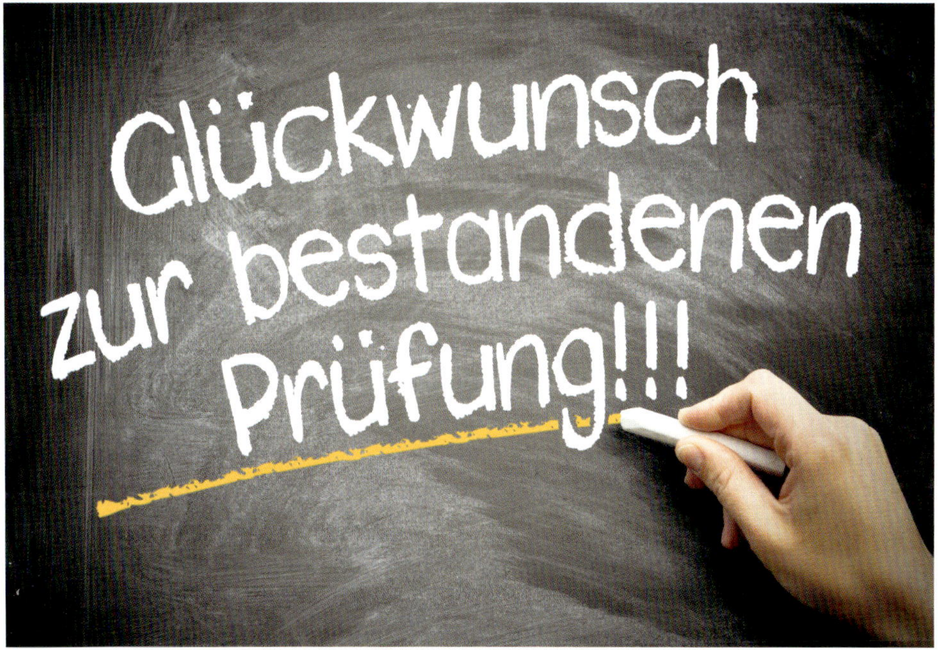
Glückwunsch
zur bestandenen
Prüfung!!!

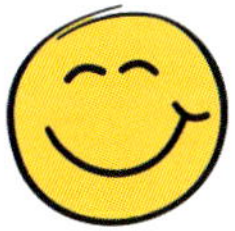

Durchgefallen: Und jetzt?

„Prüfungsergebnis: Nicht bestanden." Die ersten Reaktionen auf solch eine Nachricht sind bei vielen Menschen ähnlich: Schock, Enttäuschung, Wut, aber auch Angst vor der Blamage, wenn das Ergebnis im Umfeld bekannt wird.

Und sehr menschlich ist auch das Verhalten, die Schuld für das Versagen zuerst einmal in den Umständen, den unverständlichen Fragen und bei den schwierigen Prüfern zu suchen. Das ist o.k., wenn Du erst einmal auf diese Weise Deinen Frust los werden willst. Mache Dir aber nichts vor, verändern wirst Du auf diese Weise kaum etwas.

Das einzige, was Du wirklich beeinflussen kannst, das bist Du selbst. Und nach der Frustphase solltest Du Dich konstruktiv mit Deiner versemmelten Prüfung auseinandersetzen.

Was ist zu tun? Du bist mit Deiner bisherigen Prüfungsvorbereitung bereits einen langen und weiten Weg gegangen. Jetzt heißt es dranbleiben und den nächst möglichen Prüfungstermin wahrnehmen.

Zur Vorbereitung empfiehlt es sich, Einsicht in Deine Prüfungsklausuren und in Dein Prüfungsprotokoll zu nehmen. Eventuell kannst Du sogar mit einem Prüfer oder einer Lehrperson über Deine Ergebnisse sprechen und Dir erläutern lassen, warum Dei-

ne Prüfungsantworten nicht den Anforderungen genügt haben.

Überarbeite Deinen Lernplan – und fange frühzeitig und regelmäßig an zu lernen. Die richtigen Vorgehensweisen kennst Du bereits.

Wenn Du es alleine nicht schaffst, ist es womöglich hilfreich, sich um Nachhilfe oder Zusatzunterricht zu bemühen. Vielleicht hilft

Dir auch ein ehemaliger Prüflingskollege, der die Prüfung bereits bestanden hat. Oder Du suchst Dir eine Lerngruppe. Oder nimmst an einem externen Prüfungsvorbereitungskurs teil, in dem meist auch Prüfungssimulationen stattfinden.

Und zum Schluss:

Das Schönste am Lernen ist, das niemand uns das Erlernte wegnehmen kann. (B.B. King)

Teil 3: Training mit Apps

Du findest im Folgenden bei den Erläuterungen zu den einzelnen Übungen einen QR-Code, der Dich direkt zu der entsprechenden App führt. Falls Du am PC übst, rufe einfach die Seite **www.gedaechtnistraining.com/Laecheln** auf. Auch dort findest Du die folgenden Apps:

- Bilder merken
- Hauptwörter einprägen
- Kleine Zahlen merken
- Ziffern merken
- Zahlen suchen
- Symbolrechnen

Die ersten drei Übungs-Apps sind reines Gedächtnistraining, die vierte Übung „Ziffern merken", trainiert Dein Ultrakurzzeitgedächtnis und Deine Konzentration, „Zahlen suchen" ist Konzentrationstraining und „Symbolrechnen" ist wieder eine Kombination aus Gedächtnis- und Konzentrationstraining.

Die Übungen sind didaktisch aufeinander aufgebaut.

www.gedaechtnistraining.com/
Laecheln/Bildermerken

Übung 1 - Bilder merken

In dieser App wird das Assoziieren von Bildern geübt. Hierfür wird Dir eine Reihe Bilder gezeigt, die Du Dir einprägen und anschließend wiedergeben sollst.

Vorgehen:

Eine der wesentlichen Gedächtnismethoden besteht darin, sich das zu Merkende in Form von Bildern vorzustellen und diese inneren Bilder zu emotionalen Geschichten zu verbinden.

In dieser Übung werden Dir Bilder vorgegeben, so dass Du Dich ganz darauf konzentrieren kannst, Dir eine emotionale Geschichte als Assoziationskette auszudenken.

Wenn Du Dir zum Beispiel einen Ball, ein Auto, einen Bleistift und einen Mann merken möchtest, dann könntest Du Dir etwa vorstellen, wie der Mann auf dem Autodach steht und auf seiner Nasenspitze einen Ball auf einem Bleistift jongliert. Emotionaler wird diese Geschichte, wenn Du Dir vorstellst, dass der Mann nur mit Mühe das Gleichgewicht halten kann und der Ball jeden Moment Gefahr läuft, herunter zu fallen.

Mit solchen Assoziationsketten kannst Du Dir Wegbeschreibungen, Einkaufslisten und vieles andere mehr merken. Lass einfach Deiner Phantasie freien Lauf.

**www.gedaechtnistraining.com/
Laecheln/Wortemerken**

Übung 2 – Worte merken

Bei diesen Assoziationsübungen gilt es, stufenweise zuerst Hauptwörter, dann Zeitwörter, dann Eigenschaftswörter und zum Schluss gemischte Wortpaare zu assoziieren.

Vorgehen:

Nehmen wir einmal an, Du sollst das Wortpaar *„Buch – Schwein"* assoziieren.

Wenn Du das Wort Buch hörst, soll Dir sofort das Schwein einfallen, wenn Du das Wort Schwein hörst, das Buch.

„Nicht schwer", wirst Du sagen, „das habe ich jetzt schon behalten".

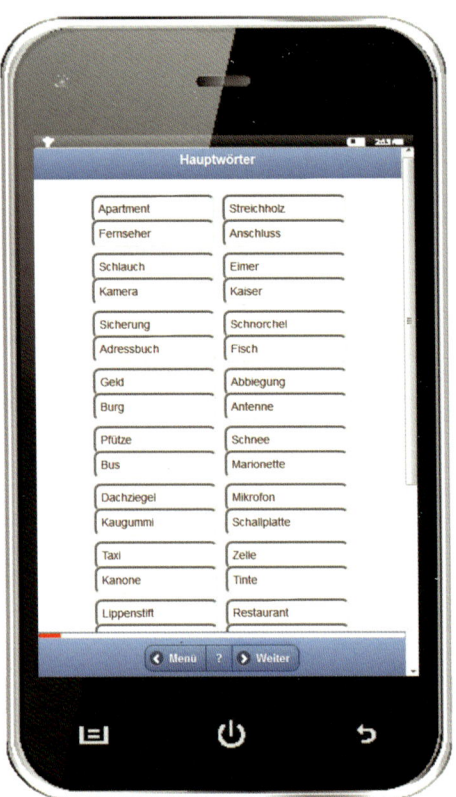

Wenn Du Dir jedoch in unserer Übung 21 Wortpaare in begrenzter Zeit merken sollst, wird es schon ein wenig schwieriger.

Dann genügt es nicht, sich einfach nur das Wortpaar zu merken (linke Gehirnhälfte), sondern man muss eine phantasievolle Assoziation finden (rechte Gehirnhälfte!), damit man sich später auch wirklich erinnert.

Bleiben wir bei unserem Beispiel *„Buch – Schwein"*. Stell Dir vor, wie ein *Schwein* in einem vor ihm aufgeschlagenen *Buch* liest.

Die erste Regel lautet also:
Die Assoziation muss so phantasievoll wie möglich sein!

Lass Deiner Kreativität freien Lauf. Die zweite Regel ist ebenso wichtig:
Bring so viel Gefühl wie möglich ein!

Wenn Du Dir vorstellst, dass das Schwein das Buch mit skeptischer Miene liest, vielleicht weil es ein Kochbuch mit einem Rezept für gegrillte Haxe ist, dann prägen sich Dir die Worte noch besser ein.

Die Assoziation bzw. Eselsbrücke muss so phantasievoll wie möglich sein!
Bring so viel Gefühl wie möglich ein!

Beziehe die Körpersprache mit in Deine Vorstellungen ein!

Bevor Du nun mit der Übung beginnst, hier noch einige Anmerkungen zu den unterschiedlichen Schwierigkeitsgraden:

In **Level-1** werden Hauptwörter geübt, die Du Dir direkt bildlich vorstellen kannst, wie beispielsweise Stuhl, Haus, Auto, Baum u.a.

Bitte versuche auch schon in dieser Stufe, Dir zu jedem Wortpaar eine gefühlsbeladene und phantasievolle Assoziation vorzustellen.

In **Level-2** werden Assoziationen gebildet, die nicht direkt in ein Bild umzusetzen sind: Was würdest Du zum Beispiel bei dem Wortpaar *„Bedienung – Elfmeter"* assoziieren?

Hast Du Dir vielleicht auch einen Kellner auf einem Fußballplatz vorgestellt, der einen Elfmeter ins Tor versenkt?

Schon ziemlich gut! Aber bei dieser Assoziation kann es passieren, dass Du Dir *„Kellner - Elfmeter",* statt *„Bedienung - Elfmeter"* gemerkt hast.

Merke Dir noch einen kleinen Zusatz: Der Kellner macht vor dem Torschuss noch eine tiefe Verbeugung, nämlich einen *„Diener".* Jetzt wirst Du Dich sicher an das richtige Wortpaar erinnern.

Kommen wir zum **Level-3**. Wie soll man sich denn bloß das Wortpaar „*Hoffnung – Stolz*" merken?

Die Antwort gibt eine weitere Regel zu den Assoziationsübungen:
Beziehe die Körpersprache mit in Deine Vorstellungen ein!

Stell Dir beispielsweise vor, Du sitzt vor dem Fernseher und es geht um den entscheidenden Elfmeter beim Endspiel der Champions-League. Dein ganzer Körper drückt *Hoffnung* aus. Die Fäuste sind geballt, Dein Gesicht ist in gespannter Erwartung und Du bist angespannt.

Dann fällt das entscheidende Tor! *Stolz* lehnst Du Dich in Deinem Sessel zurück, hebst Dein Glas und trinkst einen Schluck auf den Schalker Sieg (sorry – aber der Autor ist gebürtiger Gelsenkirchener).

So, genug der grauen Theorie. Jetzt kannst Du endlich mit dem Training beginnen. Bevor Du nun die Übung aufrufst, halte Dir bitte nochmals unsere drei Regeln vor Augen:

Die Assoziation muss so phantasievoll wie möglich sein!

Bringe so viel Gefühl wie möglich ein!

Beziehe die Körpersprache mit in Deine Vorstellungen ein!

Bring Freude, Angst, Wut, Lachen und Weinen in Deine Vorstellungen mit ein. Und auch ruhig ein Thema, das eine der größten Gefühlswelten darstellt, die wir kennen: Die Sexualität. Je emotionaler Deine Vorstellung bei der Assoziation ist, desto besser wird sie eingeprägt. Was Du Dir konkret ausdenkst, musst Du ja niemandem verraten…

Übung 3 – Kleine Zahlen merken

**www.gedaechtnistraining.com/
Laecheln/KleineZahlen**

In dieser Übungs-App lernst Du ein System kennen, mit dem Du Dir unterschiedliche Zahlen bzw. Ziffernfolgen dauerhaft merken kannst:

- Telefonnummern,
- Kontonummern,
- Geheimzahlen,
- Termine und vieles mehr.

Vorgehen:

Das Prinzip ist ganz einfach: Die Zahlen von Null bis Zwölf – und zusätzlich ½ - werden mit festen Bildern verbunden. Diese Bilder und die entsprechende Zahl prägst Du Dir ein, um damit später Geschichten entwickeln zu können.

Du möchtest Dir die Geheimnummer Deiner Kreditkarte merken. In diesem Beispiel nehmen wir an, die Nummer wäre: „**3768**". Für die einzelnen Ziffern gibt es jeweils ein Symbol:

Um Dir die Geheimnummer mit Hilfe der Assoziationsmethode fest einzuprägen, erfindest Du aus der Symbolkette eine kleine Geschichte. Dabei muss man unbedingt auf die richtige Reihenfolge achten.

3 = Ampel   7 = Föhn   6 = Würfel   8 = Brezel

Was hältst Du von folgender Geschichte?„Ich sitze in meinem Auto vor der roten Ampel und föhne mir die Haare. Danach hole ich einen Würfel aus dem Handschuhfach und nehme mir vor: Wenn ich eine Sechs würfel, gönne ich mir eine Brezel."

Achtung: Gerade, wenn eine Assoziation ziemlich blöde klingt, kann man sie sich sehr gut merken. Es ist nämlich mehr Gefühl im Spiel, als wenn es sich um eine Allerweltssituation handelt.

Auf der folgenden Seite siehst Du nun die Symbole für die einzelnen Ziffern von 0 bis 9, für die Zahlen 10, 11, 12 und für 1/2.

Du kannst sie Dir hier schon einmal einprägen, richtig festigen kannst Du es dann in der App.

Selbstverständlich kannst Du Dir auch andere Symbole einfallen lassen, wenn sie Dir eher zusagen. Beispielsweise für die 0 eine Billardkugel, für die Vier einen Stuhl oder Tisch (4 Beine) usw. Wichtig ist nur, dass Du dann bei Deinen Symbolen bleibst.

In der App übst Du diese Methode anhand von Kreditkartenpins, die per Zufallsgenerator erzeugt werden.

0 = Orange

1 = Kerze

2 = Schwan

3 = Ampel

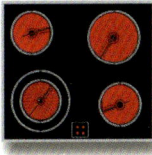

4 = vier Herdplattem

5 = Haken

6 = Würfel mit 6 Punkten

7 = Föhn

8 = Brezel

9 = neun Kegel

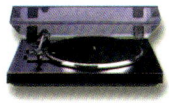

10 = Plattenspieler

11 = Ski

12 = Geisterstunde

1/2 = Halbschuh

Übung 4 – Ziffern merken

**www.gedaechtnistraining.com/
Laecheln/Ziffernmerken**

In dieser Übung geht es um das Kurzzeit-
und Ultrakurzzeitgedächtnis. Alle Informationen, die wir durch unsere Sinnesorgane
aufnehmen, wandern zuerst einmal als elektrische Impulse durch unser Neuronennetz.
Erst wenn wir die Informationen für längere
Zeit behalten wollen, werden sie in chemi-
sche Botenstoffe, die sogenannten Neurotransmitter umgesetzt.

Als rein elektrische Signale bleiben die Informationen nur sehr kurze Zeit erhalten (bis
max. ca. 10 Sekunden) und es ist auch nur
die Aufnahme sehr begrenzter Informationen
möglich. Der normale Mensch kann bis zu
maximal 7 Informationseinheiten (in diesem
Fall Ziffern) im Ultrakurzzeitgedächtnis speichern. Durch gezieltes Training ist es möglich, diese Zahl zu steigern.

Vorgehen:

Führe die Übung insgesamt neunmal durch.
Versuche dabei so konzentriert wie möglich

zu bleiben. Nach jedem dritten Mal mache eine kurze Pause, hole tief Luft und lasse Deine Augen durch den Raum kreisen. Du wirst Dich wundern, wie schnell Du in der Lage bist, sogar die zehnstellige Ziffernreihe ohne Fehler wiederzugeben.

Bitte beachte: Du trainierst Dein Ultrakurzzeitgedächtnis am effektivsten, wenn Du keine Zahlengruppen bildest. Versuche, Dir die Ziffern einzeln nacheinander zu merken. Am besten, Du liest sie Dir im Geist einmal einzeln kurz vor. Wenn Du Gruppen bildest, schaffst Du vielleicht eher die Übung, da sich aber die Anzahl der Informationseinheiten verringert, ist der Trainingseffekt reduziert.

Das Training bewirkt zusätzlich auch eine Konzentrationssteigerung. Wenn Du das nächste Mal konzentriert arbeiten musst, erinnere Dich an Deinen Zustand bei der Durchführung dieser Übung. Du wirst merken, dass es Dir im Laufe der Zeit immer leichter fällt, bei der Sache zu bleiben.

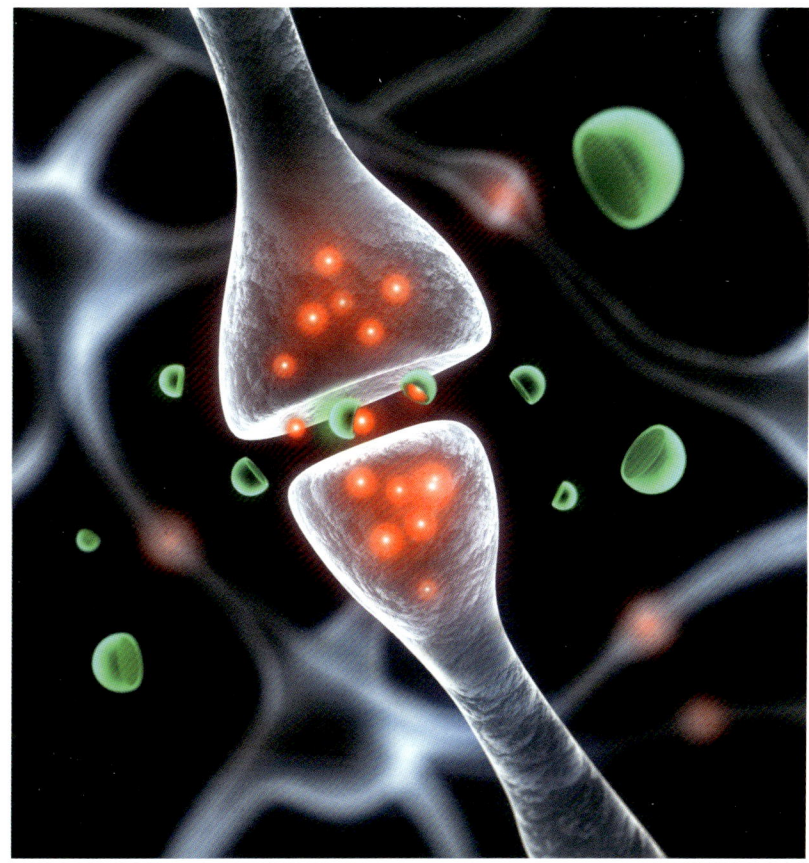

Schematische Darstellung der Informationsübertragung in einer Synapse

Übung 5 – Zahlen suchen

www.gedaechtnistraining.com/
Laecheln/Zahlensuchen

Wärst Du ohne Zögern in der Lage, auf die Frage: „Was ist Konzentration?" eine Antwort zu geben? Damit meinen wir nicht die Pauschalantwort: „Wenn man sich konzentrieren kann."

Du merkst vielleicht, die Antwort ist gar nicht so einfach. Hilfreich ist es, wenn man das Wort „Konzentration" zerlegt: Die Vorsilbe „kon" bedeutet „zusammen" und „zentrieren" etwas „auf ein Zentrum ausrichten".

Mit dem Etwas sind natürlich Deine Gedanken oder Dein Geist gemeint. Es geht also um die Fähigkeit, bei einer geistigen Arbeit die Gedanken auf eben nur eine Sache auszurichten.

Bestimmt weißt Du aus eigener Erfahrung wie schwer es manchmal fallen kann, sich zu sammeln und seine Gedanken auf nur eine bestimmte Tätigkeit zu zentrieren. Kaum durchführbar wird dies, wenn Du Sorgen hast und dann beispielsweise in einer Unterrichtssituation oder Prüfung gezwungen bist, Dich einem anderen Thema zuzuwenden. Bei diesem Fall von inneren Spannungen oder seelischen Störungen reduziert sich die Konzentration auf ein Minimum.

Eine ganz ähnliche Erfahrung macht man bei Desinteresse. Sicher hat jeder schon einmal erlebt, wie mühsam es ist, sich zur Konzentration zu zwingen, wenn man einem Thema wirklich nichts Besonderes abgewinnen kann.

Mit dieser App kannst Du Dein Gehirn so trainieren, dass es sich trotz eventuell widriger Umstände einzig und allein auf eine Sache konzentriert. Zudem wirst Du mit dieser Übung Deine geistige Reaktionsschnelligkeit steigern und damit in die Lage versetzt, auch in der Unordnung die Übersicht zu bewahren.

Der gewünschte Trainingseffekt stellt sich ein, wenn Du diese Übung ca. dreißigmal gemacht hast. Es ist ganz erstaunlich, wie einem das eigene Unbewusste nach einigen Trainingseinheiten hilft, die nächste Zahl zu finden. Genauso wird Dein Unbewusstes Dir demnächst helfen, in der alltäglichen Unordnung die Übersicht zu bewahren und Deinen Stress merklich zu reduzieren.

Übrigens – Die Bestzeit des Autors liegt derzeit bei 90 Sekunden.
Das schaffst Du doch auch - Oder?

**www.gedaechtnistraining.com/
Laecheln/Symbolrechnen**

Übung 6 Symbolrechnen

Diese Übungs-App trainiert auf ideale Weise das Zusammenspiel zwischen Deiner linken und rechten Gehirnhälfte*.

Während die linke Hemisphäre für das Rechnen und die Logik zuständig ist, setzt der rechte Teil Deines Denkapparates die Symbole in die entsprechenden Zahlen um.

Mach diese Übung einmal pro Woche und wiederhole sie jeweils vier- bis fünfmal, um Deine grauen Zellen auf Vordermann zu bringen.

Übrigens: Bei Albert Einstein hat man festgestellt, dass gerade die Ausgewogenheit seiner zwei Gehirnhälften zu seinen genialen Forschungsarbeiten beigetragen hat. So hatte er die zündende Idee zu seiner mathematisch, logischen Relativitätstheorie (linke Gehirnhälfte), als er sich in seiner Phantasie vorstellte, mit einem imaginären Raumschiff ans Ende des Universums zu fliegen (rechte Gehirnhälfte).

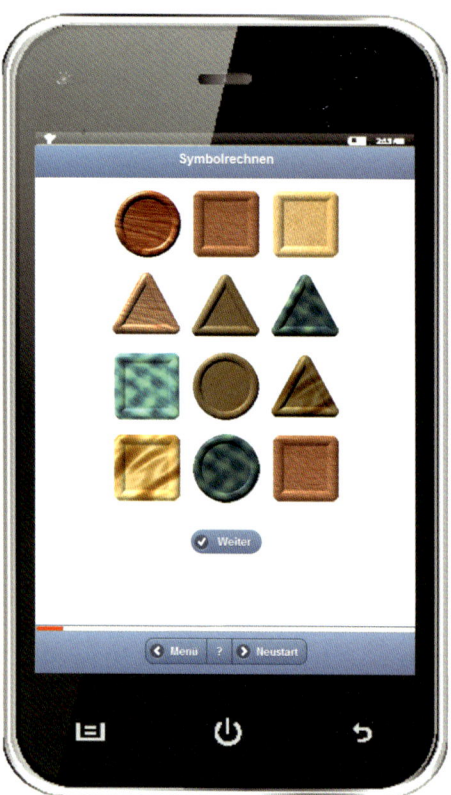

*Die Unterscheidung der Aufgaben der zwei Gehirnhälften ist nach der neuesten Forschung als Modell zu sehen. Demnach übernehmen beide Hemisphären unterschiedlichste Aufgaben.

Vorgehen:

Du siehst drei Symbole mit jeweils einer positiven oder negativen Zahl.

Merke Dir die Zahl mit ihrem zugehörigen Symbol.

Anschließend siehst Du eine Matrix mit 12 Symbolen. Daraus bildest Du dann die Summe mit den vorher gesehenen Zahlen.

In diesem Beispiel ist die Summe = -3

Das Gehirn – Daten und Fakten

Dass man bei jedem Glas Bier oder Wein, das man trinkt, Gehirnzellen verliert, konnte die Forschung so nicht aufrecht erhalten. Nachgewiesen ist dies aber bei jedem Vollrausch. Alkohol und Nikotin führen dazu, dass wichtige Verbindungen zerstört oder blockiert werden und sich Zellen zurück bilden.

Diese Beschreibung soll Dir einen ersten Eindruck von dem hochkomplexen Gebilde „Gehirn" vermitteln. Zuerst einige Fakten, um Dir eine Vorstellung von Deiner ‚Schaltzentrale' zu vermitteln und danach einige Erkenntnisse aus der aktuellen Forschung, um zu verstehen, wie das Gehirn funktioniert (und warum die Lerntipps in diesem Buch so gut funktionieren).

Mittlerweile sind sich die unterschiedlichsten Quellen, Hirnforscher, Neurologen und Pathologen ziemlich einig: Die ungefähre Zahl der Gehirnzellen, wissenschaftlich Neuronen genannt, beträgt ungefähr 100 Milliarden, wobei es den Forschern bei den Schätzungen auf 10 Milliarden mehr oder weniger oftmals nicht ankommt.

Informationen werden nicht in den Neuronen selbst gespeichert, sondern in den Verbindungen, die die Zellen untereinander aufnehmen können. Diese Verbindungen werden über die sogenannten Synapsen hergestellt. Die Zahl der Synapsen pro Gehirnzelle wird mit 1 bis hin zu 200.000 angegeben. Allgemein spricht die Hirnforschung von rund 100 Billionen Verbindungen. Das ist eine 1 mit 14 Nullen.

Wie viele Gehirnzellen verliert der Mensch pro Tag? Eine verlässliche Zahl, bei der sich die meisten Forscher einig sind, ist schwer zu finden. Die Schätzungen schwanken zwischen 10.000 und 100.000 Neuronen. Nehmen wir die ungünstigste Zahl an, müsstest Du ungefähr 2739 Jahre alt werden, bis Dein

Hirn gänzlich verschwunden ist. Oder, um noch eine Zahl zu nennen: Dein Hirn verliert rund alle 27 Jahre 1 Prozent seiner Kapazität. Wie Du es schneller schaffen kannst, liest Du im Kasten auf der linken Seite.

Bis vor ca. 20 Jahren Zeit war es Stand der Wissenschaft, dass Neuronen sich nicht neu bilden können. Auch war man der Überzeugung, dass sich im einmal strukturierten Gehirn keine nennenswert neuen Verbindungen mehr aufbauen. Weit gefehlt. Hier ist die internationale Hirnforschung zu völlig neuen und umwälzenden Erkenntnissen gelangt.

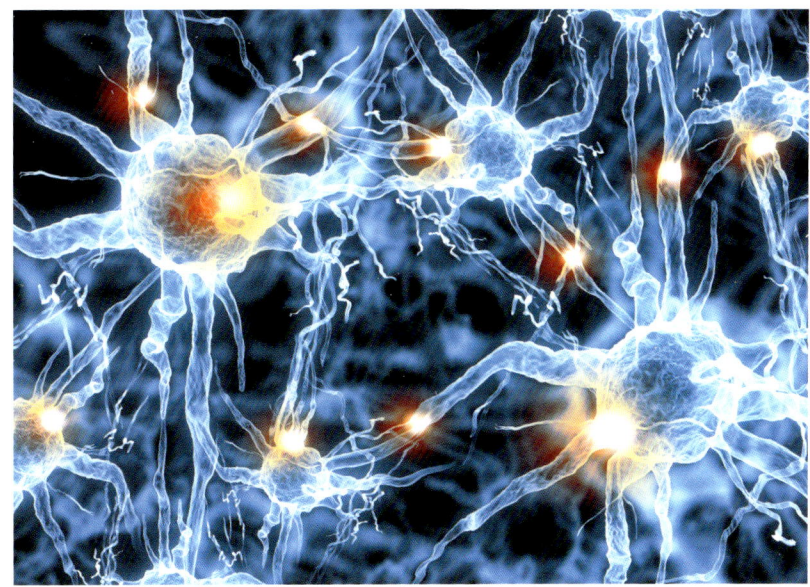

Neue Gehirnzellen und Neuroplastizität

Blöder Chemie- und Biokram? Sieh das doch mal anders: Wenn Du Dir den Inhalt aus diesem Kapitel merkst, schlägst Du zwei Fliegen mit einer Klappe. Du regst die Neurogenese, also die Bildung von Gehirnzellen direkt an. Zum Anderen wirst Du nicht mehr vergessen, dass BDNF wichtig für Dich ist und vielleicht sogar darauf achten, dass Du mehr davon bekommst.

Wenn Du das nächste Mal im Internet unterwegs bist, dann suche doch mal nach BDNF. Die Ergebnisse werden Dich sicher motivieren, soviel wie möglich von dem Stoff in Deinem Gehirn vorrätig zu haben.

Mittlerweile wurde in zahlreichen Studien bewiesen, dass sich neue Gehirnzellen bilden können. Dies geschieht im Hippocampus, der – wie wir später noch sehen werden – für die Generierung von Erinnerungen zuständig ist. Die Neubildung von Hirnzellen nennt man Neurogenese.

Interessant ist für die Forschung ein Stoff, der offensichtlich entscheidend zur Bildung neuer Neuronen beiträgt: BDNF. Dies ist die Abkürzung für ‚Brain-Derived Neurotrophic Factor‘ und heißt sinngemäß übersetzt ‚vom Gehirn stammender Nervennährstoff‘. BDNF schützt nicht nur bestehende Neuronen, sondern ist wesentlich an der Bildung von neuen, adulten Hirnzellen beteiligt. Zudem unterstützt BDNF auch die Neuvernetzung der Neuronen, die sogenannte Neuroplastizität.

Neue Verbindungen zwischen den Neuronen werden viel häufiger hergestellt, als neue Gehirnzellen gebildet werden. Gerade in diesem Moment, als Du den nebenstehenden Infokasten durchgelesen hast, hat sich bei Dir die Abkürzung ‚BDNF‘ eingeprägt.

Dieses Einprägen ist nichts anderes, als die Bildung neuer Gehirnstrukturen. Es entsteht ein neues Muster in Deinem Gehirn, der den Begriff ‚BDNF‘ repräsentiert.

Wie kommst Du an genügend BDNF? Die gute Nachricht: Es liegt allein in Deiner Macht. Zwei großangelegte Studien, eine aus Australien, eine aus den USA haben unabhängig voneinander ein völlig übereinstimmendes Ergebnis gebracht: Es besteht ein unmittelbarer Zusammenhang zwischen körperlicher Bewegung und der körpereigenen BDNF-Produktion. In der australischen Studie mussten sich die Versuchsteilnehmer 24 Wochen lang täglich 20 Minuten körperlich bewegen. Diese Gruppe zeigte gegenüber einer Kontrollgruppe, die sich nicht bewegte, eine um 1800% (in Worten eintausend-achthundert Prozent) bessere Gedächtnis-leistung, verbesserte Sprachfähigkeit und höhere Aufmerksamkeit.

Die zweite Möglichkeit, BDNF zu generie-ren, liegt in der Ernährung begründet. Im Jahr 2009 wurde Teilnehmern einer Studie in Deutschland über 3 Monate die Kalorien-aufnahme um 30% gekürzt. Eine gleichalt-rige Kontrollgruppe durfte essen, was sie wollte. Am Ende der Zeit wurde bei der Kontrollgruppe ein leichter aber spürbarer Rückgang des Erinnerungsvermögens festge-stellt. Bei den kalorienreduzierten Essern hatte sich das Erinnerungsvermögen jedoch erheblich verbessert. Die Initiatoren der Stu-die schlossen daraus: „Diese Erkenntnisse könnten zur Entwicklung von neuen Präven-tions- und Therapiestrategien beitragen, die helfen, die geistige Leistungsfähigkeit bis ins hohe Alter zu erhalten."

Mittlerweile gibt es unzählige Studien, die belegen, dass rege geistige Aktivitäten den BDNF-Spiegel erhöhen und damit die Neurogenese und auch die Neuroplastizität anregen und zur geistigen Gesundheit bis ins hohe Alter führen. Was heißt geistige Akti-vität? Wenn Du vor dem Fernseher sitzt und irgendwelche D-Promis im Dschungel beo-bachtest, passiert ja auch so einiges im Hirn. Das Sehzentrum muss die Bilder verarbei-ten und interpretieren und Deine Großhirn-rinde muss die Informationen speichern. Damit kannst Du dann am nächsten Tag mit Deinen Kollegen über die Lagerzicke oder den neuen Dschungelkönig diskutieren. Geh aber jetzt bitte nicht davon aus, dass das Deine grauen Zellen zu Höchstleistungen anregt. Das erreichst Du nur durch effekti-vere Maßnahmen. In Teil 3 dieses Buches hast Du eine Reihe von Vorschlägen erhal-ten, wie Du Dein Gehirn trainieren kannst. Aber auch hier gilt: Nur das Lesen der Infos bewirkt noch nicht so richtig viel. Tu was!

Warum Gehirntraining im Bauch beginnt

„Wenn ich daran denke, bekomme ich Bauchschmerzen.", „Mein Bauchgefühl sagt mir…", „Das entscheide ich aus dem Bauch heraus.", „Die Aufregung schlägt mir auf den Magen", „Schmetterlinge im Bauch". Dies hast Du sicher schon öfter gehört.

Ja, wir beginnen mit dem Bauch. Oder besser, mit dem was darin ist, dem Darm. In der neueren Forschung hat man festgestellt, dass auch der Darm über ca. 10 Mio. Nervenzellen verfügt. Das sind übrigens ähnlich viele Neuronen, wie sie Hunde oder Katzen im Kopf haben. Die Neuronen im Darm gab es sogar schon, als wir vor Urzeiten noch fischwurmähnliche Wesen waren.

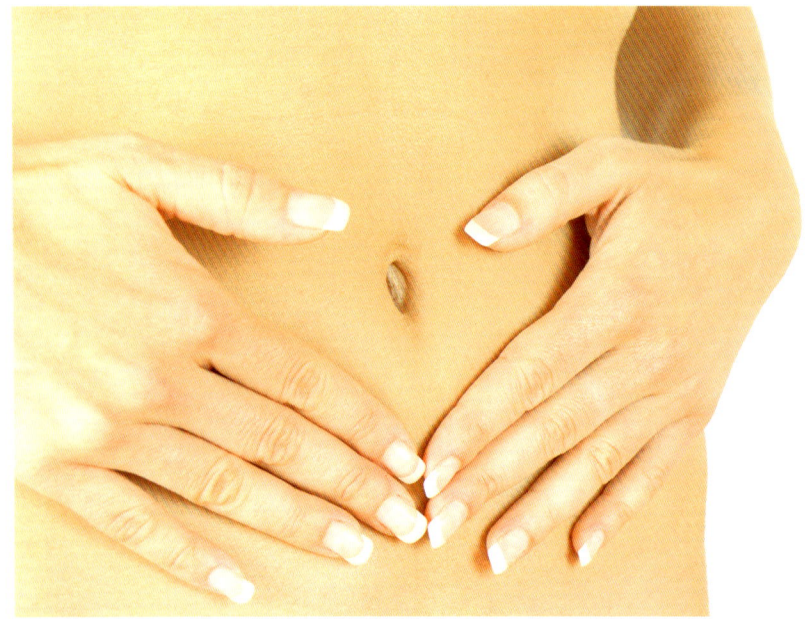

Wie damals besteht auch heute noch die Aufgabe des Nervengeflechts in unserem Darm darin, eine geordnete Verdauung zu organisieren. Die Menge der Verdauungssäfte Pankreas und Galle muss je nach Nahrungszusammensetzung bestimmt und die Geschwindigkeit der Darmpassage dem Verdauungszustand angepasst werden. Aber es geschieht noch viel mehr: So wird das sogenannte Glückshormon Serotonin zu 95% im

Magen-Darm-Trakt produziert. Im Bauch bestimmt es den Rhythmus unserer Darmtätigkeit und reguliert das Immunsystem. Im Kopf ist es für unser Wohlbefinden zuständig. So hat das Darmhirn großen Einfluss auf das Kopfhirn.

Darmhirn und Kopfhirn sind durch Nervenbahnen miteinander verbunden. Während sich das Darmhirn selbstständig um die vielfältigen Aufgaben der Verdauung kümmert, muss es uns ja mitteilen können, wenn etwas nicht stimmt. Und so sendet es unmissverständliche Signale an den Kopf, wenn wir etwas Falsches, Verdorbenes oder sonst wie Unbekömmliches gegessen haben.

Das hat jetzt schon etwas mit unserem Gedächtnis zu tun. Die Übelkeit prägt sich in Verbindung mit dem Gegessenen ein, damit wir diese Nahrung beim nächsten Mal besser meiden.

Natürlich ist die Darmhirn- Kopfhirnverbindung keine Einbahnstraße. Gerade über Stress informiert das Kopfhirn das Darmhirn ständig. Bis hierhin soll zuerst einmal genügen, dass Du weißt, dass in Deinem Bauch so Einiges für Dein Wohlbefinden und sogar für Deine Hirngesundheit stattfindet. Und deshalb ist eine gesunde Ernährung nicht nur für unseren Körper, sondern auch für unser Gehirn wichtig.

Wo sitzt das Gedächtnis?

Diese Frage ist nicht leicht zu beantworten, da wir nicht nur eines, sondern im Grunde genommen drei Gehirne im Kopf haben:

- Das reptilische (früheste) Gehirn
- Das emotionale Mammalia Gehirn
- Das denkende Neomammalia Gehirn

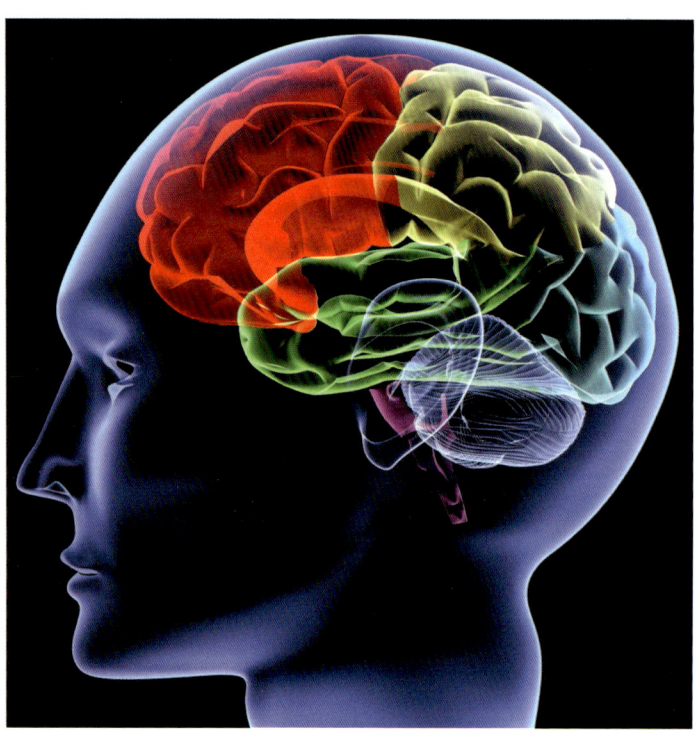

Das reptilische Gehirn

Das reptilische Gehirn wird so genannt, weil schon unsere tierischen Urahnen in grauer Vorzeit dieses Gehirn besaßen. Es besteht aus dem Stammhirn und dem Kleinhirn. Deshalb ist es auch für alle Grundfunktionen des Lebens zuständig: Bewegung, Jagen, Pflegen, Revierabsteckung, Riten, Paarungsdrang, Gewohnheit. Die Archetypen nach C.G. Jungk (Verhaltensweisen, die wir seit der Frühzeit an den Tag legen), sollen im reptilischen Gehirn manifestiert sein.

Das reptilische Gehirn liebt keine Veränderung. Es hat uralte Gewohnheiten und Verhaltensweisen (fast) unabänderlich gespeichert. Es ist praktisch das Basisprogramm für das Leben und hauptsächlich für die grundlegenden Überlebensaufgaben zuständig. Dazu gehören insbesondere die automatischen Funktionen wie Herzschlag, Atmung, Bewegung und Verdauung in Zusammenarbeit mit dem Bauchhirn.

Es lernt nur äußerst langsam. Lerneffekte stellen sich erst über Generationen durch veränderte Lebens- und Verhaltensweisen ein. Es vermittelt uns das Gefühl der Routine und Sicherheit.

Hirntraining für das reptilische Gehirn geht eigentlich nicht. Du kannst aber Deine archetypischen Reaktionen, die manchmal so gar nicht mehr zu Dir modernen Homo Sapiens passen, vermeiden:

Beweg Dich mehr, vermeide Stress und ... lächele!

Das reptilische Gehirn ist auch für unsere Stressreaktionen verantwortlich. Bevor wir überhaupt über etwas nachdenken können, übernimmt es das Kommando und initiiert Reaktionen, die unseren Ahnen überleben ließen. In der heutigen Zeit kann dieses Urverhalten aber langfristig sogar dazu führen können, dass Du lange nicht so alt wirst, wie Du gerne möchtest. Du hast dann nämlich viel zu viel Stress. Da das Thema Stress so wichtig für unser Gehirn ist, haben wir es schon am Anfang dieses Buches behandelt. Wie Du dem Reptil in Dir ein wenig Einhalt gebieten kannst, liest Du im Kasten.

Emotionen kennt das reptilische Gehirn nicht. Die Emotionen blühen erst in einem anderen Bereich auf. Diesen Bereich nannten die alten Taoisten den ‚goldenen Raum‘. Diese Bezeichnung hat sich in unserer rationalen Wissenschaft nicht durchgesetzt. Hier wird der goldene Raum als Mammalia-Gehirn bezeichnet.

Das emotionale Mammalia Gehirn

Mammalia ist die wissenschaftliche Bezeichnung für Säugetier. Das Mammalia-Gehirn
wird auch Zwischenhirn genannt und ent-
hält das limbische System. In diesem
wiederum befinden sich unter anderem
Hippocampus, Amygdala und ein Teil des
Thalamus.

Der Hippocampus (lateinisch für Seepferd-
chen) ist ganz wesentlich für das Einprägen
von Erinnerungen zuständig. Er verbindet
unterschiedlichste Sinneseindrücke zu rele-
vanten Informationen und leitet die Inhalte
aus dem Kurzzeitgedächtnis in die Großhirn-
rinde, wo sie an unterschiedlichen Stellen im
Langzeitgedächtnis gespeichert werden.

Die Amygdala verbindet Erlebnisse mit Emotionen und speichert sie. Dies ist in der Ur-
zeit natürlich in erster Linie aus Überlebens-
gründen entwickelt worden. Ein typisches
Beispiel wäre die Verbindung ‚Feuer -> zu
nah -> heiß -> Aua!'.

Wir nutzen diese Funktion beim Lernen und Gedächtnistraining, indem wir die Informationen, die wir speichern wollen, mit Emotionen verbinden und damit Amygdala und Hippocampus aktivieren.

Dieses ‚emotionale' Gehirn hat damit eine zentrale Bedeutung für unser Gedächtnistraining: Es ist das Herz des Gedächtnisses. Lachen und Weinen, Spieltrieb und Sexualität, Euphorie und Depressionen sind hier verankert.

Alle Informationen, die im Langzeitgedächtnis gespeichert werden sollen, passieren zuerst einmal diesen Teil des Gehirns. Gedächtnis und Gefühl treffen hier aufeinander. Dieser Umstand ist äußerst bedeutend für das Verständnis unserer Trainingsmethoden.

Wie Du den Erläuterungen zu unserem Gedächtnistraining entnehmen kannst, ist die Assoziationstechnik die grundlegende Methode zur Langzeitspeicherung des Lernstoffs.

Sobald Du diese Assoziationen noch mit viel Gefühl verbindest, werden die Informationen wesentlich besser eingeprägt. Dieses Thema werden wir in dem Kapitel über die Wirkungsweise der beiden Gehirnhälften nochmals aufgreifen.

Das denkende Neomammalia Gehirn

In diesem Bereich wird gedacht und gespeichert. Es ist der jüngste Teil des Gehirns in unserer Evolutionsgeschichte und befindet sich in der Großhirnrinde, der äußeren Hülle des Gehirns.

Zuständig ist es vor allem für logisches Denken, die Bildung von Denkstrukturen, Phantasie und Schöpfergeist, die Fähigkeit zu Schlussfolgerungen und neuen Erkenntnissen sowie die Langzeitspeicherung von Informationen.

In den Kapiteln über die Neurogenese (Bildung neuer Hirnzellen) und die Neuroplastizität (Bildung neuer Verbindungen) hast Du erstmals gelesen, dass beide Phänomene nur auftreten, wenn Du etwas dafür tust.

Um Dir dafür noch mehr Motivation

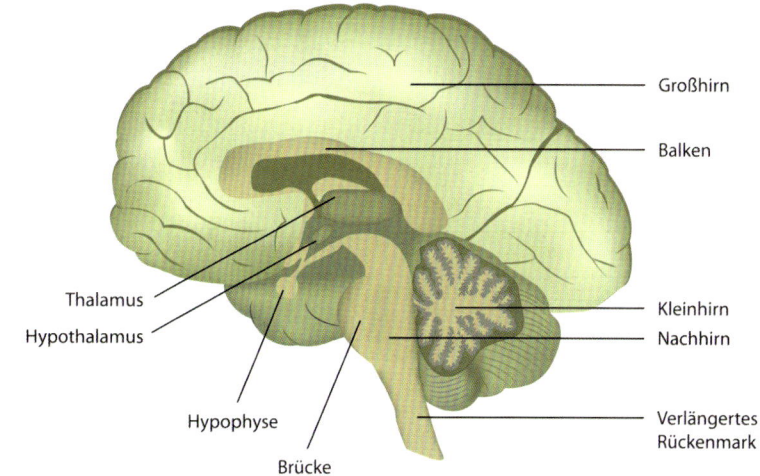

Das Gedächtnis

Jeder von uns hätte gerne ein besseres Gedächtnis. Sei es, um einen bestimmten Lernstoff besser zu behalten, Passwörter nicht zu vergessen, wichtige Termine nicht zu verpassen, nicht ständig nach dem Schlüssel suchen zu müssen und sich an den Namen seines Gegenübers erinnern zu können.

Die Informationsflut, die heutzutage auf uns alle einströmt, erfordert, dass wir blitzschnell Wichtiges von Unwichtigem unterscheiden können und dass wir das Wichtige, so nachhaltig wie möglich, in unserem Gedächtnis speichern können.

Gerade, wenn Du in der schulischen oder beruflichen Aus- oder Weiterbildung steckst, kennst Du auch Druck und Stress, den diese Situation in Dir erzeugt.

Um die Funktionsweise des Gedächtnisses möglichst einfach darzustellen, vergleichen wir es modellhaft mit einem Computer.

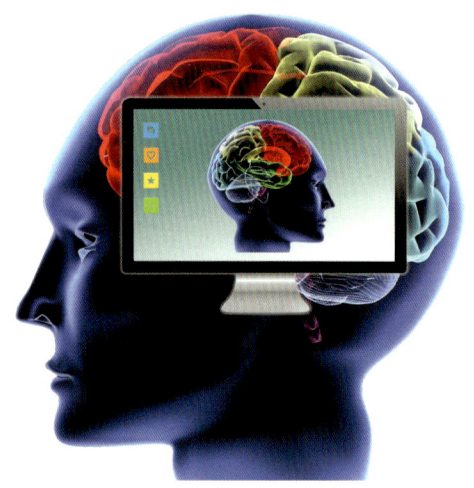

Zuerst zum ‚Input‘, also wie Informationen in dem System Gedächtnis aufgenommen werden: Alles, was Du hörst, siehst, fühlst, riechst oder schmeckst, gelangt zuerst in den elektrischen Teil des Gehirns, in das Ultrakurzzeitgedächtnis.

Das Ultrakurzzeitgedächtnis

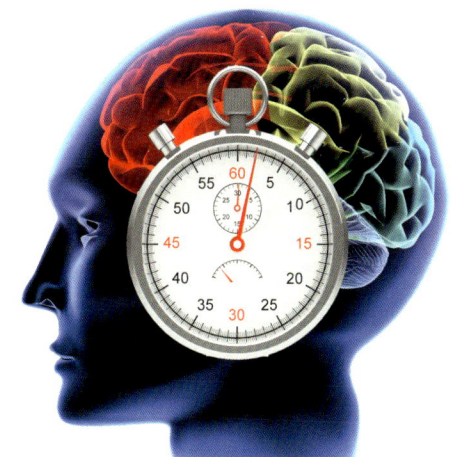

Das Ultrakurzzeitgedächtnis behält seine Informationen nur ca. zwei Sekunden lang und
dient dazu, einmal begonnene Handlungen
fortsetzen zu können.

Das Ultrakurzzeitgedächtnis funktioniert rein
elektrisch, das heisst, im Gehirn finden keine chemischen Veränderungen statt.

Ohne diese Funktion könnten wir nichts
Sinnvolles tun. Wenn wir laufen und nicht
wissen, ob wir zuletzt das rechte oder das linke Bein nach vorne gesetzt haben, fallen wir
schneller um, als uns lieb ist. Wenn wir lesen und beim zweiten Wort das erste schon
wieder vergessen haben, können wir niemals
einen Textzusammenhang verstehen.

Das Ultrakurzzeitgedächtnis könnten wir mit
dem Zeichenpuffer einer Computertastatur
vergleichen. Es gibt jedoch einen wichtigen
Unterschied: Im Puffer der Tastatur können
sich nur eine ganz begrenzte Anzahl Zeichen

befinden. Hält man eine Taste
gedrückt und der Rechner kann
die Zeichen nicht schnell genug verarbeiten,
ertönt ein Pfeifen und weitere Zeichen werden nicht mehr angenommen.

Hier ist das Ultrakurzzeitgedächtnis deutlich
überlegen. Es nimmt alle neuen Informationen auf und bearbeitet sie kurz. Nur wenn
sie so wichtig sind, dass sie weiter bearbeitet
werden müssen, werden sie an das „Kurzzeitgedächtnis", den Arbeitsspeicher des Computers weitergeleitet.

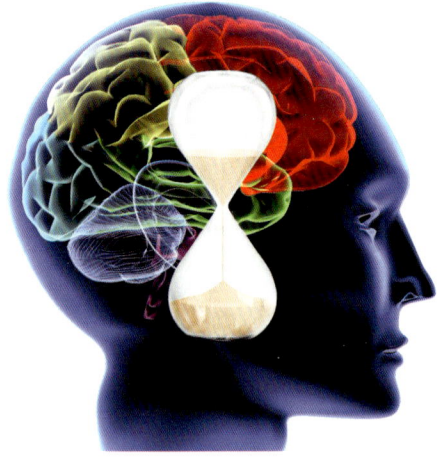

Das Kurzzeitgedächtnis

Die Aborigines (Ureinwohner Australiens) kennen in Ihrer Sprache nur die folgenden Zahlworte:

Eins, Zwei, Drei, Vier, Fünf,
Sechs, Sieben, Viele

Der Hintergrund ist, dass das Kurzzeitgedächtnis immer nur Lernblöcke von bis zu sieben gleichzeitigen Informationen aufnehmen kann. Wenn eine Telefonnummer mehr als sieben Ziffern hat, vergisst Du sie schon beim Wählen, obwohl Du gerade erst im Telefonbuch nachgeschaut hast.

Rom ist auf sieben Hügeln gebaut, die Sieben ist vieler Menschen Glückszahl, die Woche hat sieben Tage und mehr als sieben Zwerge gibt es bei Schneewittchen auch nicht.

Zum Kurzzeitgedächtnis findest Du bei den Apps die Übung „Ziffern merken"

Die Schranke, an der das Kurzzeitgedächtnis des untrainierten Gehirns nicht mehr weiter kann, hat sich anscheinend in vielerlei Bereichen des Lebens manifestiert. Seminarleiter und Werbefachleute beherzigen diesen Umstand und verpacken in Ihren Informationen maximal sieben „bemerkenswerte" Einheiten.

Das Kurzzeitgedächtnis behält die Informationen mehrere Minuten, bis zu maximal einigen Tagen. Schließlich ist es nicht besonders wichtig, dass Du im nächsten Monat noch weißt, was Du heute zu Mittag gegessen hast. Aber wenn Du es in dem Moment, in dem Du gerade isst, nicht mehr weißt, kann das schon ein wenig peinlich sein.

Gerade haben wir das Kurzzeitgedächtnis mit dem Arbeitsspeicher (dem Memory) eines Computers verglichen. Wird der Computer ausgeschaltet, sind alle Informationen, die nicht auf die Festplatte (in das Langzeitgedächtnis) gespeichert wurden, verloren.

Unser Gedächtnis arbeitet differenzierter. Je nach dem Eindruck, den die empfangenen Informationen hinterlassen, werden sie sofort, nach wenigen Minuten oder nach wenigen Tagen gelöscht.

In der Wissenschaft überwiegt heute die Auffassung, dass die Informationen noch vorhanden sind, dass aber die Zugriffsmöglichkeit darauf verloren geht (als ob im Computer die FAT, also die ‚File Allocation Table' gelöscht werden würde). Bestimmt ist es Dir auch schon öfters so ergangen, dass Du Dich auf einmal an Dinge erinnerst, die Du als längst vergessen und auch als unwichtig angesehen hattest.

Die wichtigen Informationen werden in das „Langzeitgedächtnis", also entsprechend auf die Festplatte des Computers, übernommen.

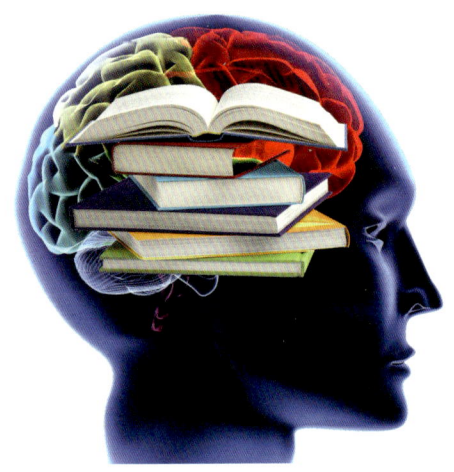

Das Langzeitgedächtnis

Das Langzeitgedächtnis speichert alle Informationen dauerhaft im Gehirn.

Nach dem holografischen Ansatz ist dabei die Information nicht an einer bestimmten Stelle des Gehirns gespeichert, sondern in der Gesamtstruktur der Nervenzellen und Ihren Verbindungen verborgen. Selbst, wenn Teile des Gehirns ausfallen, ist somit oftmals doch die Gesamtstruktur in der Lage, einmal gespeicherte Informationen zu rekonstruieren.

Das Langzeitgedächtnis speichert nur wichtige und markante Informatio-nen – und genau hier setzt jegliches Gedächtnistraining an. Was wir uns einprägen wollen, muss für das Gehirn bemerkenswert sein! Das heißt, dass Du Deinem Gehirn die Informationen so gut wie möglich verkaufen musst.

Und das machst Du am besten über die in Kapitel 3 beschriebenen Assoziationstechniken. Je schillernder und phantasievoller unsere Assoziationen sind, umso besser und nachhaltiger prägen sich die Informationen im Gedächtnis ein.

Gedächtnistraining

Prof. Roger Sperry erhielt 1981 den Nobelpreis für Medizin für seine bahnbrechende Entdeckung, dass unser Großhirn aus zwei physiologischen Hemisphären besteht, die unterschiedliche Funktionen haben.

Sperry und andere Wissenschaftler fanden heraus: Je stärker der Mensch beide Seiten des Gehirns beansprucht, umso mehr kommt die Entwicklung der einer Seite auch der anderen zugute. So entdeckte man, dass beispielsweise das Studium der Musik dem Studium der Mathematik förderlich ist oder das Erlernen rhythmischer Bewegungen das Sprachenstudium erleichterte. Weiter wurde bewiesen, dass die Beanspruchung der unterschiedlichen Funktionsbereiche des Gehirns die Gesamtkapazität des Gedächtnisses erhöhte.

Das Gedächtnistraining hat nun die Aufgabe, nicht nur die linke, sondern ganz besonders auch die phantasieorientierte rech-

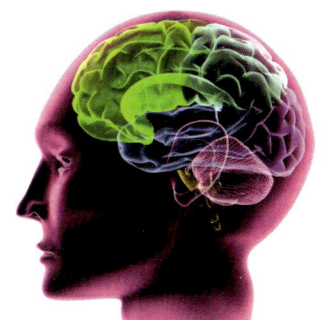 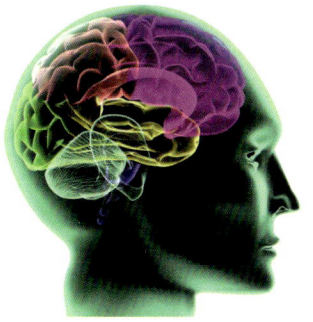

Linke Gehirnhälfte   Rechte Gehirnhälfte

analytisch   *synthetisch*
verbal   *kreativ*
sequentiell   *nicht verbal*
zeitlich   *visuell*
digital   *gleichzeitig*
logisch   *räumlich*
rational   *analog*
deduktiv   *ganzheitlich*
                                     intuitiv
                                     induktiv

te Gehirnhälfte in den Merkprozess mit einzubeziehen. Bei unseren Assoziationsübungen, die mit der Übung „Bilder merken" starten, gehen wir ausführlich auf diese Schulung beider Gehirnhälften ein.

Hier ein Beispiel, wie man beide Gehirnhälften gemeinsam nutzen kann: „Als ich gestern aus dem Haus kam, hingen anstatt der Wolken drei große Kürbiskernbrötchen am Himmel. Ich hatte einen Pistolengurt um, aber anstatt der Pistole steckte eine Banane darin. Der ganze Gurt war mit Bananen gespickt. Ich zog die Banane und versuchte die Brötchen vom Himmel zu schießen. Ich traf aber nur zwei. Das dritte Brötchen erwischte ich, indem ich mit Mandari-

nen danach warf. Dieses Brötchen fiel aber nicht einfach vom Himmel, sondern platzte mit einem großen Knall auf. Aus dem Brötchen ergoss sich ein riesiger Schwall Vollmilch über mich."

Was glaubst du? Würdest Du einen Teil Deiner Einkaufsliste vergessen, wenn Du Dir auf diese Art und Weise merken würdest, dass Du Kürbiskernbrötchen, Bananen, Mandarinen und Milch einkaufen wolltest? Durch den Einsatz der rechten Gehirnhälfte (Phantasie, Assoziationen), wurde die Funktion der linken Gehirnhälfte (Liste merken) auf optimale Weise unterstützt. Dabei übernimmt in der Regel die linke Seite die analytisch logischen Aufgaben, während die rechte Seite

Heute hat die Wissenschaft die Erkenntnis, dass die strikte Trennung der Funktionen der rechten und der linken Hirnhälfte so nicht mehr aufrecht zu erhalten ist. So nimmt die rechte Gehirnhälfte durchaus Aufgaben wahr, die man der linken zuschreibt und umgekehrt. Als Modell ist die Vorstellung der unterschiedlichen Funktionsweisen des Gehirns jedoch immer noch verwendbar und beschreibt sehr gut ein effektives Gedächtnistraining.

für das schöpferische und phantasievolle Denken zuständig ist.

Für ein gut funktionierendes Gedächtnis ist es unabdingbar notwendig, dass die linke und die rechte Gehirnhälfte beim Einprägen des Lernstoffs zu gleichen Teilen beansprucht werden. Dies erzeugt dann nicht etwa nur eine Verdoppelung, sondern eine Vervielfachung der Gedächtnisleistung. Das Gedächtnistraining - und die Methoden der Gedächtniskünstler - beruht nun darauf, dass

Deine Bilder und die Assoziationen sollten so phantasievoll und einprägsam wie möglich sein. Ein langweiliges, gedankliches Schwarzweißbild, hat beim Lernen und beim Gedächtnistraining nichts zu suchen.

Seit Jahrtausenden bekannt

Die Römer beherrschten eine Kunst des Behaltens, die den heutigen, modernen Gedächtnistechniken in nichts nachsteht. Die großen Redner Roms wandten diese Technik an, um Ihre langen Vorträge in freier Rede halten zu können.

Ihre gut funktionierende Methode war es, sich ein ‚Gedächtnishaus' zu bauen. In diesem Haus war alles wohl geordnet (linke Gehirnhälfte). Der Tisch stand in der Mitte des Raumes, an jeder der vier Wände hing ein Bild und vor dem Portal standen zwei kunstvolle Säulen.

Die Dinge, die der Römer sich nun merken wollte, verband er mittels Assoziationen mit diesem imaginären Haus und der Einrichtung (rechte Gehirnhälfte). Wollte er sich beispielsweise merken, dass er sein Wagenrad reparieren, einen neuen Sklaven kaufen, einen Sack Mehl besorgen und sein Schwert schärfen muss, so stellte er sich folgendes vor: An der linken Säule vor seinem Haus lehnt ein Wagenrad, vor der rechten Säule steht ein dicker Sack Mehl, auf das ein Sklave wütend mit einem Schwert einsticht. Die alten Römer taten also nichts anderes als wir heute: Durch phantasievolle Assoziationen wird feststehendes Wissen mit dem zu Merkenden verbunden.

Du beide Gehirnhälften zu gleichen Teilen beanspruchst.

Wenn Du dir etwas merken möchtest, solltest Du also nicht mehr nur in linearen, logischen Strukturen (linke Hemisphäre) denken, sondern gezielt Deine Phantasie und Kreativität (rechte Hemisphäre) einsetzen, um jeglichen Merkstoff fest im Gedächtnis zu verankern. Dies geschieht am besten dadurch, indem Du alles, was Du Dir merken möchtest, mit Bildern verknüpfst (assoziierst).

Was bedeutet überhaupt „Assoziieren"? Eine ähnliche Situation wie die folgende, kennst Du sicher auch: Du gehst durch eine fremde Stadt. Aus einem geöffneten Fenster steigt Dir der Duft von Erbsensuppe mit Speck in die Nase und diese duftet genauso wie die Suppe, die Deine Mutter früher gekocht hat. Plötzlich fallen Dir Dinge ein, an die Du, nur eine Sekunde vorher, nicht einmal im Traum gedacht hättest. Von denen Du möglicherweise annahmst, dass Du sie schon lange vergessen hast.

Die Küche, in der Du die Suppe gelöffelt hast, die Vorfreude auf das Mittagessen, auf dem Weg nach Hause, der Name der Schulfreundin, die immer bis zur Ecke mitging... Du hast den Duft mit Deiner Kindheit assoziiert – und unbewusst eine Merktechnik verwendet, die Du beispielsweise mit den Apps in Kapitel 3 trainieren kannst.

Mnemosyne
war in der Antike der griechische Name der Göttin des Gedächtnisses und der neun Musen. Selbst vor Jahrtausenden wusste man bereits, dass für ein gut funktionierendes Gedächtnis aller Sinne benötigt werden.

Nahrung fürs Gehirn

Du hast keine Lust auf Training? Dann solltest Du Dich zumindest klüger essen. Viel sinnvoller ist natürlich, beides zu tun. Auf den folgenden Seiten erhältst Du einen Überblick über die Nahrungsmittel, Vitamine und Aufbaustoffe, die wissenschaftlich belegt die Gedächtnisleistung wesentlich verbessern können.

Bis vor einiger Zeit wurden noch Nahrungsergänzungsmittel empfohlen, die die genannten Stoffe in Reinform enthalten. Wenn Du in die Apotheke gehst oder durch einen beliebigen Drogeriemarkt schlenderst, siehst Du unzählige Präparate, die Dich durch ihre Einnahme zu einem besseren Menschen machen wollen.

Diverse unterschiedliche Studien haben jedoch ergeben, dass die Präparate mit Vitaminen, Mineralien und Spurenelementen in der Regel nur dann für den Menschen nützlich sind, wenn Sie im ursprünglichen Lebensmittel zu sich genommen werden.

DMAE

Dimethylaminoäthanol gelangt leicht ins Gehirn und wird dort in Acetylcholin umgewandelt. Die vielfältige Wirkungsweise von Cholin ist im Kapitel Lecithin ausführlich beschrieben.

Eiweiß

oder Protein ist ein Hauptbaustein unseres Körpers. Ohne Eiweiß keine Regenration von Körperzellen, Muskeln, Knochen, Haut, Haare und natürlich Hirn.

Eiweißreiche Nahrung

Fisch, Fleisch, Milchprodukte, Eier. Dabei solltest Du besser Fisch als Fleisch essen.

Während die Fette im Fleisch eher schädlich sind, enthalten insbesondere Seefisch, wie Lachs oder Hering die gesundheitsfördernden Omega-3-Fettsäuren und sind eine gute Jodquelle.

Fett

Gerade die ungesättigten Fettsäuren, die Du in Gemüsen, Nüssen oder Samen findest, sind maßgeblich an der störungsfreien Funktion von Gehirn und Nerven beteiligt. Diese Fettsäuren sind essentiell, d.h., Dein Körper kann sie nicht selbst herstellen, sondern sie müssen unbedingt über die Nahrung zugeführt werden.

Fett in der Nahrung

Du solltest pflanzliche Fette und Öle bevorzugen, tierische Fette enthalten oft viele ungesättigte Fettsäuren, die den Blutfett- und Cholesterinspiegel erhöhen können. Seefisch (siehe Eiweiß) wird jedoch sehr empfohlen.

Ginkgo

Wenn man europäische Forschungsberichte über Ginkgo liest, wundert man sich, dass diese Pflanze bei uns noch so gut wie unbekannt ist. Folgende Wirkungen zur Verbesserung des Gedächtnisses finden sich in der Literatur:

- bei Gedächtnisleistung
- bei Reaktionszeit
- bei Konzentrationsfähigkeit
- bei allgemeinen Wohlbefinden
- beim Stressabbau
- bei der Milderung von Depressionen

Warum wirkt Ginkgo auf so vielfältige Weise? Studien ergaben, dass Ginkgo den zerebralen Blutkreislauf und Sauerstofftransport,

die Energieproduktion in den Zellen des Gehirns und die Reaktionszeit bei der Übermittlung von Nervensignalen verbessern kann.

Außerdem verhindert es das Eindringen von freien Radikalen (ungebundene Sauerstoffmoleküle) in die Zellen und trägt so zur Verminderung der Toxine (Giftstoffe) im Zellstoffwechsel bei.

Kohlenhydrate

Superbenzin für das Gehirn. Das Gehirn braucht neben einer guten Sauerstoffversorgung die Kohlenhydrate in Form von Glukose als unersetzlichen Treibstoff. Dieser muss ständig über die Blutversorgung zur Verfügung stehen. Auch hier sind die Ernährungsempfehlungen für das Gehirn dieselben wie für den Körper. Du solltest die Kohlenhydrate über ballaststoffreiche Lebensmittel zu Dir nehmen, da damit die Aufnahme des Zuckers nicht plötzlich son-

dern kontinuierlich erfolgt. So vermeidest Du Heißhungerattacken, Über- oder Unterzuckerung und hast eine optimale Versorgung Deines Denkapparats.

Vollkorngetreide, aber auch schlichte Kartoffeln sind ausgezeichnete Kohlenhydratlieferanten und machen Dich lange satt. Für die Darmgesundheit und für die langsamere Aufnahme des Zuckers enthalten sie wertvolle Ballaststoffe.

Lecithin

Tests am National Institute of Mental Health zeigten, dass es einen Grundnährstoff gibt, der unsere Gedächtnisleistung bis zu 25% erhöhen kann. Er befindet sich beispielweise in Eidottern, Fisch, Weizen und Sojabohnen und nennt sich Lecithin.

Lecithin wird bei der Aufnahme in den Körper in Cholin, ein Vitamin B, gespalten. Daraus wiederum stellt das Gehirn das Acetylcholin her, das für die Übermittlung von Botschaften zwischen den einzelnen Gehirnzellen wichtig ist. Solche Übermittler nennt man Neurotransmitter.

Tests an Studenten ergaben, dass sich die Gedächtnisleistung nach der Einnahme von Lecithin signifikant verbesserte. Das Cholin im Lecithin kann binnen 90 Minuten auf das Gedächtnis wirken und die Wirkung hält bis zu 5 Stunden an.

Lecithinreiche Lebensmittel:
- Eier (ca. 1,2g in einem Ei)
- Sojabohnen (ca. 8g in 100g)
- Lachsfilet (ca.1, 3g in 100g)
- Rindfleisch (ca. 7g in 100g)

„Cholin oder Lecithin kann sogar bei an sich gesunden jungen Menschen mit relativ schlechten Gedächtnisleistungen das Erinnerungsvermögen verbessern", sagt Dr. Richard J. Wurtmann in seinem Werk „Nutrition and the Brain". Er stellte fest, dass die im Gehirn vorhandene Menge des Neurotransmitters Acetylcholin von der Menge des aufgenommenen Lecithins abhängig ist.

Glutamin

Wenn Dein Gehirn nach einem Brennstoff mit hoher Oktanzahl verlangt, ist Glutamin sicher die erste Wahl, weil Glutamin neben der Glukose (und Alkohol und Drogen) ungehindert die Blut-Hirn-Schranke überwinden und den Verwender schnell vom Tief ins Hoch befördern kann.

Obwohl die Glutaminsäure, die in unseren Lebensmitteln vorhanden ist, genau der Brennstoff ist, den das Gehirn benötigt, kommt diese Form des Glutamins nicht so einfach an den Blut-Hirn-Wächtern vorbei. Hierfür ist die Einnahme des sogenannten L-Glutamins notwendig, das im Gehirn wieder in die Glutaminsäure zurückverwandelt wird.

Glutaminhaltige Lebensmittel:
Menge jeweils in 100g des Lebensmittels

- Erdnüsse 5,6g
- Kakao 4,8g
- Seefisch ca. 3g
- Weizen- und Sojaprodukte 2,4g
- rohes oder geräuchertes Geflügel-, Rind- und Schweinefleisch ca. 2g
- Milch 750mg
- Milchprodukte wie Quark, Joghurt oder Weißkäse 600mg – 750mg
- Eier 510mg

Phenylalanin

„Doping ohne Schaden". Phenylalalin ist in Rindfleisch, Geflügel, Sojabohnen, Fisch und Eiern enthalten und erzeugt im Körper verschiedenste Neurotransmitter, die für die Übertragung von Nervenimpulsen unerlässlich sind.

Bei diesen Neurotransmittern handelt es sich um L-Tyrosin (damit bleibst Du wach), Dopa und Dopamin und Norepinephrin und

Epinephrin. All diese Stoffe halten Dich auf der Höhe Deiner geistigen Leistungsfähigkeit.

RNS (Ribonukleinsäure)

„Sardinenesser werden alt". Auf diese kurze Formel kann man den Inhalt des Buches von Dr. Benjamin S. Frank bringen, der bereits 1968 eine Diät beschrieb, mit der man durch die Zufuhr von RNS seine Lebenserwartung beträchtlich verlängern können soll.

Vielfältige Experimente zeigen, dass RNS Träger von Gedächtnisinformationen ist. Ratten, denen RNS von anderen Ratten injiziert wurde, konnten plötzlich Dinge, die man den Spendertieren beigebracht hatte. RNS und DNS (Desoxyribonukleinsäure) sind in jeder Zelle enthalten. Sie sind Träger unserer Gene und steuern die Produktion der körpereigenen Proteine.

RNS sollte nicht eingenommen werden, wenn Du an Gicht leidest. Außerdem soll-

test Du auf genügende Flüssigkeitszufuhr (mind. 2-3 Liter pro Tag) achten. RNS befindet sich beispielsweise in fetthaltigem Seefisch, wie Lachs oder Makrelen, vor allem aber in Sardinen.

Tyrosin

L-Tyrosin ist eine Aminosäure, die der Körper aus der Aminosäure L-Phenylalanin herstellen kann. Versuche mit amerikanischen Soldaten in Ausnahmesituationen zeigten, dass L-Tyrosin zum Stressabbau beiträgt. Tyrosin in Lebensmitteln:
Milch und Milchprodukte und viele eiweißhaltige Lebensmittel.

Stichwortverzeichnis

Bildnachweis:

Die abgedruckten Bilder stammen von den Autoren bzw. vom Verlag mit Ausnahme der folgenden:
© fotolia.com: S.7 goodluz, S.10 Light Impression, S11 vege, S.13 Trueffelpix, S.15 grafikplusfoto, S.16 gena96, S.19 K.-P.Adler, S.21Trueffelpix, S.22 thingamajiggs, S.23 Rido, S.24 Trueffelpix, S.25 Gina Sanders, S.28 drubig-photo, S.31 contrastwerkstatt, S.34 contrastwerkstatt, S.35 Coloures-Pic, S.38 Gina Sanders, S.46 lassedesignen, S.48 Picture-Factory, S.49 bloomua, S.50 Aradan, S.51 WavebreakMediaMicro, S.54 Paul Cotney, S.55 contrastwerkstatt, S.58 Igor Mojzes, S.59 Bilderjet, S.60 snaptitude, S.61 Igor Mojzes, S.62 o. DURIS Guillaume, S.62 u. pio3, S.63 o. Jürgen Fälchle, S.63 u. Anna Omelchenko, S.64 Syda Productions, S.65 Phase4Photography, S.66 o. Jürgen Fälchle, S.66 u. Piotr Marcinski, S.67 lightpoet, S.68 o. markus_marb, S.68 u. DOC RABE Media, S.69 Marco2811, S.70 Christian Schwier, S.71 pressmaster, S.72 fotomek, S.73 Marco2811, S.75 ra2 studio, S.76 fotomek, S.77 Ingo Bartussek, S.78 Syda Productions, S.79 cristovao31, S.87 v.l. astrid guenther, dimedro168, M. Schuppich, KK-Foto, S.89 v.o.l. atoss, Autor, ghostone, astrid guenther, Autor, madgooch, M. Schuppich, dimedrol168, KK-Foto, SG-design, Autor, Dmitry Vereshchagin, Ancello, Gewoldi, S.91 psdesign1, S.97 alphaspirit, S.99 Serg Nvns, S.102 detailblick, S.104 V. Yakobchuk, S.105 eastmanphoto, S.107 Eric Isselée, S.109 bilderzwerg, S.110/111/112/114/115 V. Yakobchuk, S.119 Markus Bormann, S.120 stockcreations, S.121 l. kab-vision, S.121 r. unpict, S.122 Jag_cz, S.123 Jacek Chabraszewski, S.124 lurs, S.125 Liddy Hansdottir

© Freiburger Verlag
1. Auflage. Alle Rechte vorbehalten
Printed in Germany
ISBN. 978-86814-270-9